学術選書 098

「型」の再考

科学から総合学へ

大庭良介

KYOTO UNIVERSITY PRESS

京都大学学術出版会

◉目次

序章　なぜいま型なのか

科学的アプローチに限界を感じて

筆者は、大学の教員として研究と教育に携わっている。研究面では、長年、生命の理解を目的として、生命現象に対して科学的アプローチ（分子生物学や細菌学など）で取り組んできた。科学では、対象を要素に分解して分析し、事物の因果関係を解明する。例えば、特定の遺伝子やタンパク質といった要素間の相互作用を実験的に分析し、現象が引き起こされる原因を明らかにする。しかし、多くの方が指摘するように、このアプローチでは複雑な生命現象そのものを理解し、伝達することには限界があると思われる。例えば、細胞一つを取っても、その要素をすべて列挙して相互の因果関係を解明することは不可能に近いし、たとえ可能であったとしても、それで生命を理解したことになるのか、その集合が生命であるのかと言われれば返事に窮する。科学的アプローチでは、言及できる要素間のごく限定された状況下での事物の因果関係しか明らかにすることはできない。

また、いわゆる科学機械論的な生命へのアプローチに対しては、様々な研究者たちが違和感を覚え、機械論とは異なる見方や、機械論を包含するような見方を提示してきたのも確かである。例えば、ユクスキュルが個別の生物種から見た人間とは異なる「環世界（文献1）」の視点を導入したことや（第5章）、日本における池田清彦氏や柴谷篤弘氏らによる「構造主義生物学（文献2）」、川出由己氏による「生物記号論（文献3）」、そして、福岡伸一氏が唱える「生命は動的平衡にある流れである（文献4）」といった主張もこれにあたると言ってよいだろう。

こういった機械論的または科学的なアプローチに対するモヤモヤ感を、筆者は教育の現場においても感じてきた。大学では基本的に、科学的思考、つまり、観察、データ、理論といった根拠に基づく論理的な思考方法を教育するのを是とする。もちろん、科学的思考はとても大切であり何ら否定するべきところはない。しかし同時に、科学的思考のみでは、学生自身が本当に取り組みたいことを見つけ、自主的に取り組むことで何かを創造する、といった能力を涵養するには限界があるとも感じるのだ。科学的思考では、どうしても、論理的に繋がりのある話しか出てこないし、それゆえに、単なる精緻な分析を越えて新しい見方を提示するには至らないような話になってしまうことも散見される。

科学を補完する「型」の可能性

このような「科学的なアプローチは素晴らしいのだけれど何か不足している」という感覚は、何も研究と教育の分野に限ったことではないだろう。例えば、ビジネスの現場でマーケットを科学的に分析して理解してみたけれど、次に何をすればよいのかアイデアが出てこなかったとか、そもそも何を分析すれば良いのか分からなかった、といったことはよくあるのではないだろうか。家庭生活においても、問題が出てきて色々分析して対応してみたけれど、つまるところ経験的に培った生活の知恵に勝るものはなかった、といったこともあるのではないか。では、どうしたらよいのか。

筆者は、武道（居合道、空手道、剣道など）や伝統医学（漢方や気功）への取り組みの中で、東洋的な事物へのアプローチ、特に「型」による事物へのアプローチが、科学のアプローチでは困難な事物へ切り込むための、新たな表現と伝達の仕方となるのではないかと考えるようになった。

次節以降で詳しく触れるが、「型」は、武道では決められた一連の動作から構成され、それぞれの武道の核心となる技・業を伝える教範である。伝統的な芸能や医学にも見られる叡智の表現と伝達の方法であり、東洋に特徴的な事物へのアプローチといってもよい。この東洋的な「型」を方法論として一般化し、西洋的な科学的方法を補完する方法として導入することで、科学的アプローチのみでは「何か不足している」といった状況を克服できるのではないかと考えたのである。

いわゆる東洋思想による事物の認識や存在に関する哲学的な考察を活用しようということではない。

日常的に使用される科学的な「方法論」を補える部分を、同じく日常で使用できる「方法論」としての「型」の中に見出したということだ。

1 型の分類

型の辞書的定義

型を辞書（広辞苑）で調べると、

・個々のものの形を生ずるもととなるもの、または個々の形から抽象されるもの。
①形を作り出すもとになるもの。鋳型・型紙などの類。
②伝統・習慣として決まった形式。
③武道・芸能・スポーツなどで、規範となる方式。
④ものを類に分けた時、それぞれの特質をよく表した典型。そのような形式・形態。タイプ。パターン。
⑤決まった大きさ。サイズ。

といった定義が書かれている。ここから、型に嵌まる、型に嵌める、型の如く、といった慣用句が生まれ、融通の利かない悪い意味で使用される場合が多い。一方で、武道や伝統芸能では「型」を重視し、初心の段階で「型」を守る大切さが説かれる。また、達人といえども「型」を変更してはいけないとして、「型」の保存を重視する流派も存在する。「型」がその武道や芸能の核心を習得し、また、伝えるための大切な教材となっている。いわば「型」には、そこに叡智の核心が存在するので有益だという立場と、型に嵌められて融通が利かない状態をもたらすので有益でないとする、二つの立場が共存している状態だ。

一見、相いれない意味で使用されているように見えるが、これは我々が慣用的に使用する「型」という言葉に二つの異なる視点が混在し、相反する概念を内包しているためだ。それは「事物の枠組みや分類方法としての型」と「叡智の表現・伝達方法としての型」の視点である。そして、結論を先取りして言えば、著者が本書で提案したいのは後者の視点である。とは言え、「事物の枠組みや分類方法としての型」については慣用的に用いられているし理解できるけれど、「叡智の表現・伝達方法としての型」は初耳でよくわからない、という読者も多いのではないだろうか。以下では辞書的な定義にも即しつつ、具体例を探ってみたい。

型の両義性

「事物の枠組みや分類方法としての型」は上記辞書例④⑤が典型である。血液型といった個人の分類や、アメリカ型社会、日本型社会といった社会分類など、ある定まった基準に照らし合わせて事物を区別して格納する。つまり、事物を分析し、基準に照らし合わせて区別する枠組みを構築し、各対象を分類することで理解する。人文社会科学などで用いられる類型論がこれにあたる。本書でも後述するが、これは科学的な視点での「型」の運用ともいえるもので、人類学・社会学をはじめ近代以降の人文知の蓄積の根幹をなしてきている。例えば、『菊と刀』などの著作における日本文化研究でも著名な、ルース・ベネディクトの『文化の型（*Pattern of Culture*）（文献5）』などは、その典型例だろう。

「叡智の表現・伝達方法としての型」の典型は上記辞書例③であり、武道で演武される型や、茶道における作法や所作と茶室、能・狂言・歌舞伎などの舞と舞台などがこれにあたる。武道で言う「型」とは技術・業のコツ・ノウハウを身に付けるための教範である。決められた対敵動作を実現できるよう修行し、「型」の想定外にて自在性を持った技術・業を活用できる身体の習得を目指す。茶道における振る舞い、服装・着付け、道具・食事の選別、空間の設計などの決まり事、すなわち「作法」や「所作」は、「場」に「様式美」を産み出し、亭主が同じ刻を客と共有するための表現であり伝達方式だ。能、狂言、日本舞踊、歌舞伎では、喜び、哀しみ、怒り、笑い、といった普遍的な感情を、所作や踊りを通して観客に伝え、観客の心を感化させる。展開される「舞」と「舞台」との相乗効果は、武道の「身体知」と茶道の「場」の双方を包む「型」といえる。

これらの「型」に共通しているのは、分解したり分析したりして、論理的な「理解」を追求すると、「型」に込められた叡智を「把握」できなくなる、という点だ。（なお、本書で筆者は、理解という言葉を分析的で言語的な事物へ、把握という言葉を非分析的で非言語的な事物へ、それぞれ適用する（第4章および補章4）。）この意味では、「型」はただの規範ではない。別の言い方をすると、分解して理解された「型」は、「マニュアル化」や「形骸化」しており、本来「型」が表現し伝達したかった叡智を失ってしまうのだ（後述する「型」の特徴4）。

辞書例④⑤の「事物の枠組みや分類方法としての型」は分析的な理解のための型であり、辞書例③の「叡智の表現・伝達方法としての型」は非分析的な把握をもたらす「型」とも言える。つまり、分析的と非分析的という二つの相反する性質が「型」という言葉の意味に含まれているのだ。残りの辞書例①②は、「枠組みや分類」として捉えれば分析的、「表現と伝達」として捉えれば非分析的である。例えば、「型に嵌った」という使われ方は、分析的な「枠組みや分類」に固着化してしまい、そこから抜け出すことができないという悪い意味で使われる。一方で、「型破り」のような使われ方は、分析的な「凝り固まった枠組みから抜け出す」といった良い意味でも、非分析的な「叡智を内包する規範を身体化せずに捨ててしまった」といった悪い意味でも使用されるという両義性をもつ。

2 「型」が拓く事物へのアプローチの可能性

非分析的性質が科学的アプローチを補完する

先に触れたうち、後者の「非分析的な叡智の表現・伝達方法としての型」こそ、筆者が科学的方法論の限界を補完できるのではないかと考えているものだ。この「型」が持つ方法論としての可能性を知っていただくことで、科学や論理では対処が難しかった課題、例えば、人間、生命、自然といった存在を把握し活用する、包括的に事物を捉えて個人や組織のマネジメントを実施する、創造力をもった心身を涵養する、といったことへ「型」によってアプローチできることを理解いただけるだろう。

科学の限界を指摘したり、それと対立したり補完する考え方を導入する、ということはこれまでも多く試みられてきた。西洋思想と東洋思想、理性と悟性、意識と身体、形式知と暗黙知、言葉とシンボル・イメージ、などなど様々な対立項が論じられる中で、科学と非科学（または「疑似科学（似非科学）」）、または、科学を包含する新たな視点とアプローチが示されてきた（補章3で詳しく解説する）。西洋においては、例えば、近代科学への批判と超越を目指し、二〇世紀前半にはアルフレッド・ホワイトヘッドが科学の示す機械的自然観に対して有機体の哲学・プロセス哲学を提唱している（文献6）。第二次世界大戦後のフランスにおいては、レヴィ・ストロースに象徴される構造主義による文化人類学の提唱による西洋近代思考の超越への挑戦、さらに、ジャック・デリダらによる脱構築の試み、すなわち、ポスト構造主義の流れが生まれてきた（文献7）。また、西洋におけるメルロ・ポンティ、日本における湯浅泰雄や市川浩などによって展開された身体論（文献8〜10）も、客体化された理性に対するアンチテーゼという点では、科学との対立項となるだろう。西田幾多郎に象徴される京都学派の哲学も同様だ（文献11・12）。こういった科学との対比を語る哲学の潮流については、挙げていくと限りがなくなるのも確かだ。

本書で語る「型」の議論は、このような哲学史各々の流れに基づいて展開するものではない。一方で、科学的な事物の見方への疑問から発し、科学との比較によって「型」の特徴を浮き彫りにし、主体性や身体性とも密接に繋がる「型」を対象とし、科学的方法を相補する「型」的方法を主張する点において、共通する視点を持つとも言えるかもしれない。そのため、読者の中には、この考え方は誰々の思想や主張と同じだ、といった部分を見出すかもしれない。そういった共通項を見出していただけるのであれば、是非比較しながらお読みいただければと思う。本書では、「型」の方法論的特徴と共に、具体的な「型」の構築や活用の仕方を紹介することで、概念論のみならず実践論として、「型」による事物へのアプローチをご理解いただけるのではないかと思っている。

「型」の六つの特徴と本書の構成

従来、「型」は武道、伝統芸能、文化、生活、社会、宗教、心身、教育、認識といった文脈で議論され、様々な「型」の効用や例が紹介されてきた（文献13～17）。しかし、例えば伝統芸能であれば伝統芸能の話、文化であれば文化の話と、それぞれの扱う範疇で議論が完結していることがほとんどであった。加えて、方法論としての「型」を他の一般的な方法論と対比し、具体的にどのような概念や、どのような事物に対して「型」を適用するとよい、または、「型」を適用する必要はない、といった比較も見受けられなかった。本書では、主に科学的方法論や、それによって表現される事物と対比することで、方法論としての「型」を普遍化したいと考えている。

「型」ではしばしば、主体の経験的な知に重きを置く。そのため、本書で採り上げる題材そのものは著者の経験から多くが発露されていることを申し添えておきたい。読者の皆様には、本書で示される事例を自身の経験に引き付け、考えるヒントとしていただければ幸いである。また、仮にそれらの経験が無くとも、本書では写真による図示を多用し、視覚的な説明を心がける。

第1章では、伝統的な武道の型を紹介し、そこから、非分析的で非言語的な「叡智の表現と伝達方法としての型」として以下の特徴を抽出する。

1. 特定の叡智を内在するパッケージである

2. 非分析的な把握と伝達の手段である
3. 保存的であり再現的である
4. 要素間の関係性に分解すると価値を失うものである
5. 各要素の定義は変化する
6. 内在する叡智は「型」の外でも有効である

この第1章をお読みいただくことで、「型」と型体系が、非分析的に叡智を表現し伝達する方法であることをご理解いただけると思う。

第2章では、このような「型」の特徴が、武道だけではなく、伝統的な漢方医学における知の保存と伝達方式でもあることを紹介する。ここでは、漢方薬の古典である傷寒論に焦点を当て、そこで記述される「証（症状の組み合わせ）と方剤（生薬の組み合わせ）」のリスト、すなわち辞典としての書物一冊が「型」として成立していることを示す。武道と異なり、言葉が用いられている「型」であるが、それでも非分析的な把握こそが本質的に不可欠であり、武道と同様に特徴1〜6を持つことをご理解いただけるだろう。

現代社会において、こういった方法論を考えるとき、「科学的か否か」という議論は、そのまま、その方法論が普遍的なのか否か、信頼できるのか否か、という議論になるといっても過言ではない。

第3章では、科学の基盤となる論理的厳密性や反証可能性といった事項に着目し、「型」との共通性と相違性を明らかにする。具体的には、科学における、「対象の定義の一意性」、「要素間関係性と因果関係」、「主観性と客観性」、「反証性、反駁性、テスト可能性」について取り上げる。これにより、「型」が科学とは異なる基盤を持つものの、普遍的な方法論であることをご理解いただけるだろう。

第4章では、科学と「型」を比較し、それぞれが扱う叡智の質の違いを明らかにする。具体的には、「叡智の理解と把握という相違」、「叡智の活用における推論と発露の相違」、「叡智に対する時間感覚の相違」である。第3章と第4章をお読みいただくことで以下のように、科学と「型」のそれぞれで扱うのに適した叡智の違いをご理解いただくことができるだろう。

型に適している叡智
・主体への内在化を求め、主体からの発露を求める叡智
・万人に同様の推論を求めず、被伝達者側での活用の相違を許容する叡智
・要素間関係性を重視せず、総合性を重視する叡智

科学に適している叡智
・主体からの外在化を求め、主体からの発露を求めない叡智
・万人に同様の推論を求め、被伝達者側での活用の相違を許容しない叡智

・要素間関係性を重視し、要素の個別性を重視する叡智

第5章と第6章では、第4章までの議論を踏まえて、具体的に「型」としてのアプローチが反映されている事例を紹介し、さらに、「型」をどのように創作し活用するのか、ということを議論する。第5章では、人間や生命へのアプローチとして、易経と生命科学を取り上げ、その中に潜む「型」としての側面、そして、新たな「型」としてのアプローチの仕方を紹介する。第6章では、デザイン思考やアート思考といった、主にビジネスや教育の現場で求められているイノベーションや創造性に関わる能力について「型」からアプローチする。ここでは「型」の創作と実践が焦点となる。本書の結びに、型が切り拓く可能性、として新たな学術の在り方や、生きた「型」の創出に向けた課題について触れたい。

なお、本文中では話の流れ上省略したが、各章および本書全体の内容理解の助けとなる補章を、それぞれ関連性の高い章のすぐ後に準備した。補章1では武道の歴史、伝書、海外からの視線について、補章2では漢方の歴史と科学的アプローチの成果について、補章3では科学と疑似科学・非科学の対比について、補章4では理解と把握という言葉づかい、および、科学において創造性をもたらす推論方法について、補章5では現代生命科学の研究動向について紹介する。

第1章……武道の型と特徴——心身の修錬と叡知の獲得

東京オリンピック二〇二一で採用された空手競技の「型競技」や、二〇二〇年に流行したアニメ「鬼滅の刃」での「水の呼吸　壱の型」といった用語から、「型」という言葉に触れた読者も多いのではないだろうか。空手競技における「形競技」では、仮想の敵に対する攻撃技と防御技を一連の流れとして組み合わせた動作を演武し、その出来栄えを審判が採点、または、優劣を判断することで、勝敗を定める。「鬼滅の刃」では、それぞれの呼吸の型で、決められた動きを技として繰り出すことで、鬼を退治するという物語が展開する。

1　型を通じて何を学ぶのか

「型」からの要求

もともと「型」は、スポーツ競技として優劣をつけるものではなく、その武道・武術が伝えたい叡智、すなわち技術や業のノウハウや、達人的な身体を伝え、修行者が習得するために使用された教範であった。日本における古武道では、ほぼすべての流派に独自の型とその組み合わせである型体系が存在し、修行者は型を通じて稽古を重ねる。現代の武道においても、例えば剣道においては、全日本剣道形という一連の「型」が存在し、段審査などで課されている。居合道や弓道では、すべての動作を決められた「型」に沿って稽古することで、技術の向上はもちろんのこと、心身の涵養を行う。日本武道だけではなく、太極拳といった中国武術にも「型」にあたる套路《とうろ》と呼ばれる決められた一連の動作が存在し、学習者はこれを学ぶことで、その武術体系を把握し、武術体系が要求する身体を獲得する。

武道において、一つの「型」はいくつかの動作を組み合わせたものである。敵がこのように攻撃してくるから、それをこのように防御して、次にこのように反撃する、といった一連の想定が存在し、それに合わせた動作や姿勢が設定されている。この想定と動作・姿勢を学習することが「型」の習得の第一歩であり、すべてである。学習者は「型」の反復練習を重ねることで「型」を習得する。ここで大切なのは、「型」を習得するということは、想定と動作をなぞれるようになることではなく、想定と動作が要求する身体を獲得することにある。つまり、「型」を通して「型」が身体化されている場合、「型」の想定に捉われることなく、獲得した身体から技を自由自在に繰り出せるようになるということである。想定に沿った使い方しかできぬのであれば、それは、「型どおり」とか「型に嵌った」といった応用が利かぬ体の表現に用いられるような状況であり、「型」を習得したとは到底言わない。実戦で役に立たなければ、叡智を獲得した状況とはいえないのだ。

居合にみる「型」の例

ここで、筆者が稽古する居合道から、「型」の例を示したいと思う。居合は、鞘の内とも呼ばれ、日本刀を鞘に納めてある状態から、相手を制する業・術である。稽古では主に、刀を鞘に納めている状態から、相手の動きに応じて抜刀し、その後の一連の動きで相手を制する技の体系を稽古する。

図1-1は筆者が学生時代に稽古した伯耆流という流派の「切付」という「型」である。想定は「吾が右に坐して居る者から抜き打ちされんとする時、直ちに之に應じて右に向き直り、相手に先んじて、其の上腕に切り付け、相手が左手を以って、我が斬り付けたる右腕を捕へて組みかからんとするを、體をかはして其の腹を突いて勝ちを制する。(伯耆流居合術、一九三七年、伯耆流居合術振興會より改

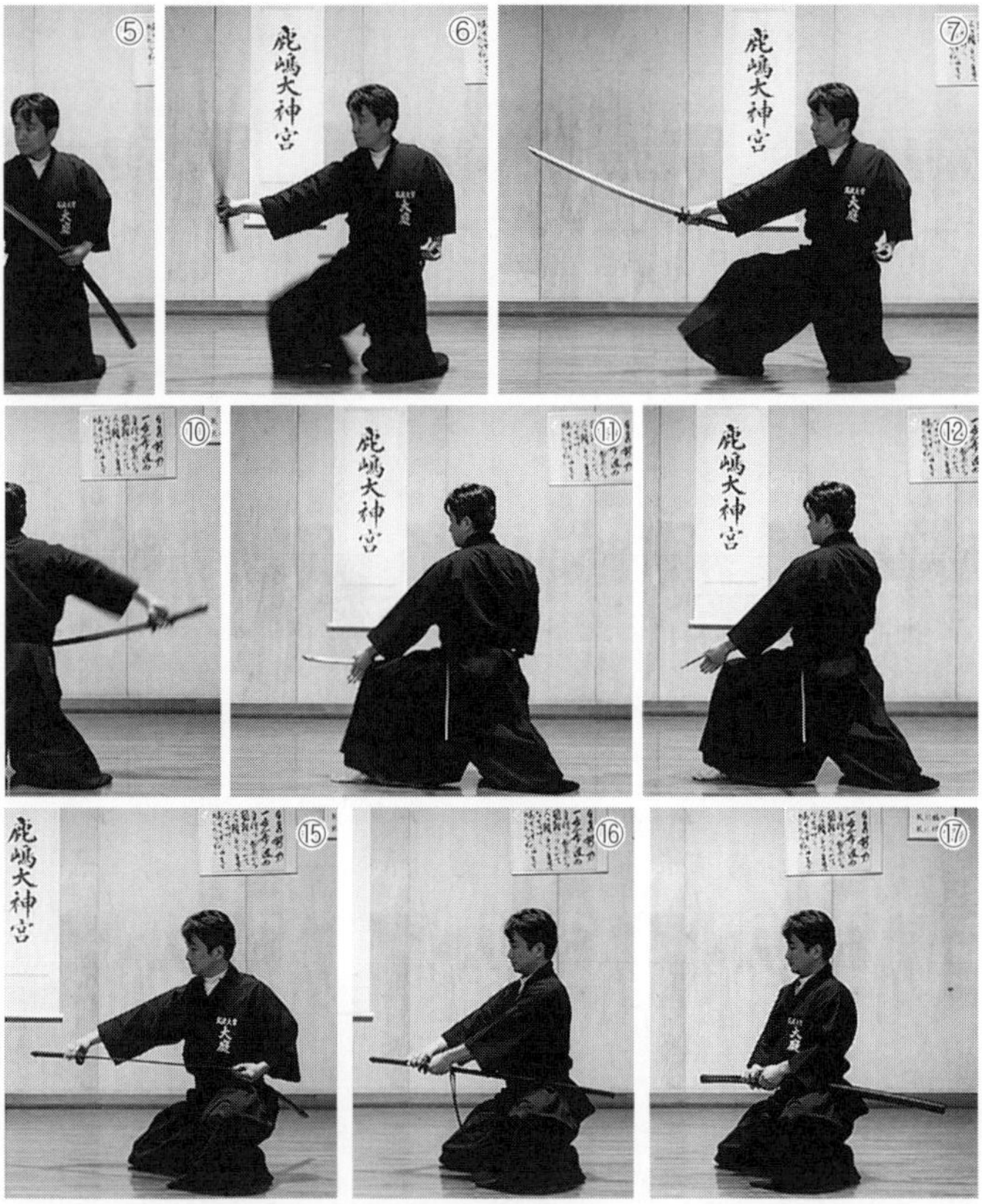

想定については図1－2を参照。演武は筆者。

図1-1●居合道から「切付」の型（伯耆流）。①から⑰の順番で進んでいく。

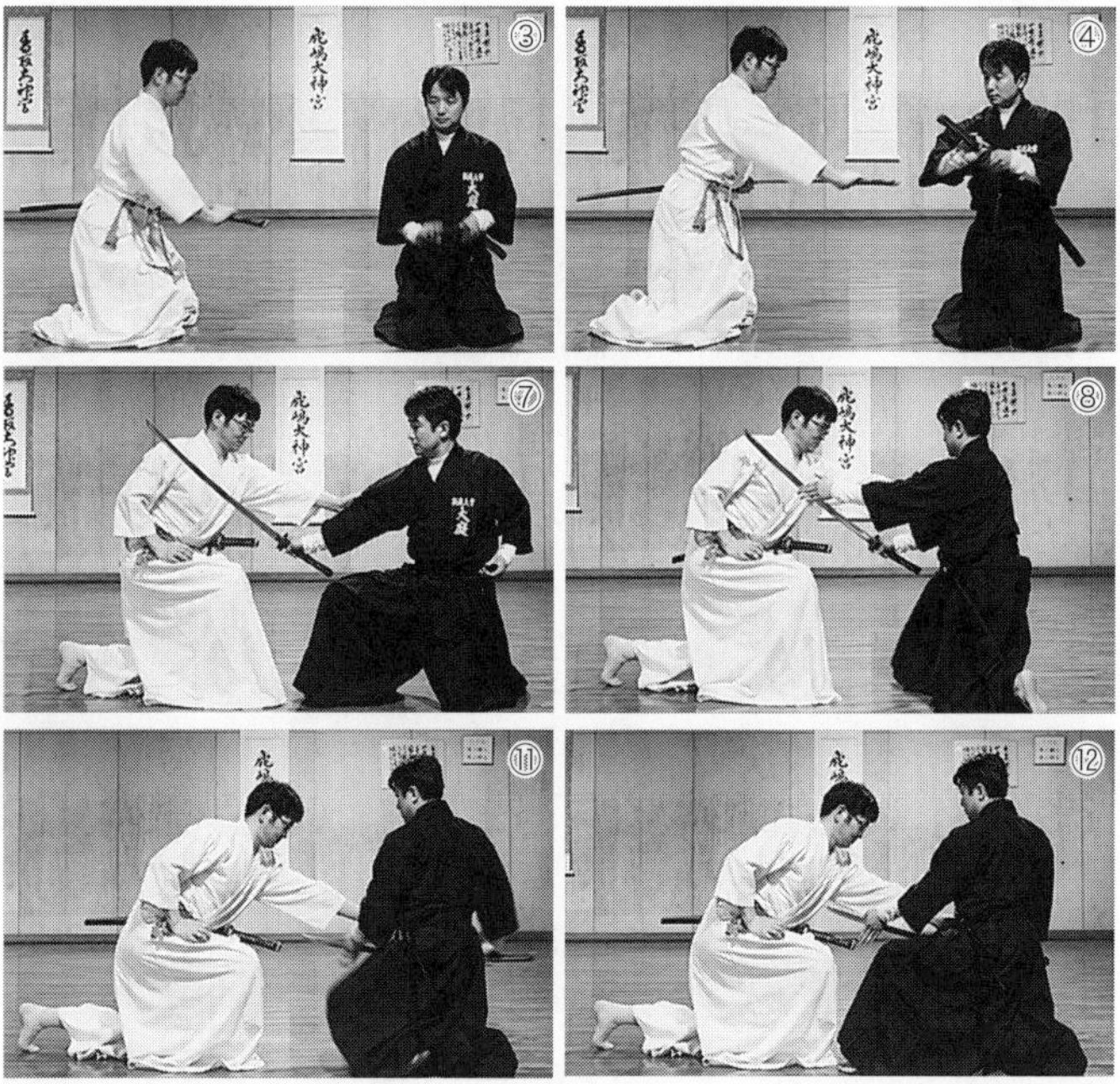

て組みかからんとするを（⑦）、體をかはして（⑧〜⑪）其の腹を突いて勝ちを制する（⑫）」。ここでは、「我が斬り付けたる右腕を捕へて組みかからんとするを、體をかはして」の部分では、相手に右腕を掴まれた状態から身体を崩している（⑦〜⑪）。相手役として谷川久郎氏（居合道六段）の協力を得た。

図１－２●「切付」の型の想定。①から⑫の順番で進んでいく。「吾が右に坐して居る者から抜き打ちされんとする時（①〜③）、直ちに之に應じて右に向き直り（③〜⑤）、相手に先んじて、其の上腕に切り付け（④〜⑥）、相手が左手を以って、我が斬り付けたる右腕を捕へ

変）（文献18）」である（図1-2）。

この想定を実現できるようにならねばならない。この想定を読むと、表現の解釈によって色々な部分で異なる状況を思いつく。例えば、最初の部分、「吾が右に坐して居る者から抜き打ちされんとする時」とあるが、これは、右に座っている相手が刀を抜く前に気配を示したときなのか、それとも刀を抜いている最中なのか、はたまたすでに抜刀されていて刀が自分自身に届く直前なのか。一つめより二つめ、二つめより三つめが厳しい状況であろう。筆者の考えでは、三つめの自身に相手の刀が届く直前の状況に対して、「直ちに之に應じて右に向き直り、相手に先んじて、其の上腕に切り付け」ることができる必要があると考えている。

「型」では、自分自身に都合の良く実現しやすい状況を設定するのではなく、考えられる中で最も厳しい状況に対して想定を実現しなければならない。というのも、「切付」の場合であれば、筆者の実感として、三つめの状況がクリアできたとき、「直ちに之に應じて右に向き直り」という行為によって、相手の身体は崩れ、刀は自然と自身から逸れる、という技術が習得されており、当然のように「相手に先んじて、其の上腕に切り付け」ることができるのだ（図1-3）。この技術を習得している場合、より容易な一つめと二つめの状況には余裕をもって対応できる。そして、この習得した技術と身体は、いきなり正面から相手が素手で殴りかかってきたり、杖で突いてきたり、といった「切付」の想定外でも活用できる（図1-4）。そのとき自分自身は刀を持っている必要もない。一方で、一つ

図1-3●「切付」の型の想定を実現できているかの検証。①から⑥の順番で進んでいく。相手が斬りかかりはじめ（①）、刀が自身に振り下ろされている間に、自身の「右に向き直る」という行為によって（②～⑤）、相手の身体が崩れ、刀が自然と自身から逸れていく（④～⑥）。相手の身体は、①～③の間に崩しており、それゆえに⑤⑥のように自身に刀が当たらず、⑥のように相手の身体は崩れた状況となる。このとき、右への向き直りと同時に出した右手は相手に接触していない（④⑤）。右手を刀に置き換えれば、そのまま相手の上腕を切りつけている形となる。相手役として谷川久郎氏（居合道六段）の協力を得た。

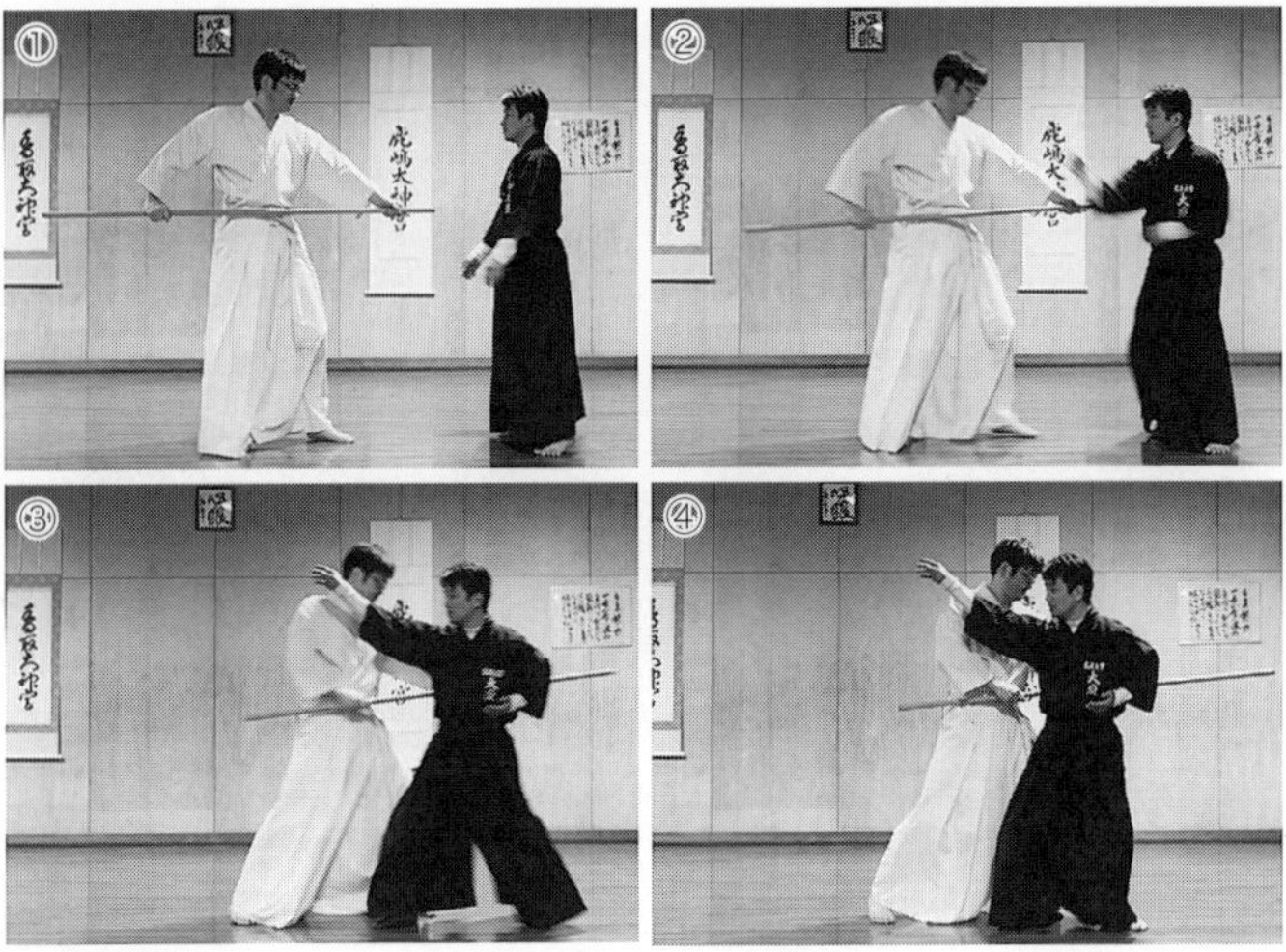

図1-4●「切付」の想定とは異なる状況で、叡智を発揮できるかの検証。①から④の順番で進んでいく。相手が棒で突いてくる（①）。その起こりを捉えて、切り付けと同様の原理で相手の突きを避け、相手に入り込んでいる。この時に掲げた右手は突きとして相手に当てても良い。また、②③の段階で相手の身体は崩れているので、④の後で相手を投げても相手は容易に崩れる。相手役として谷川久郎氏（居合道六段）の協力を得た。

めの状況のみに対応する稽古であると、抜刀の速度を意識した稽古になりがちであり、物理的な速度のみでは対応できない三つめのような状況に対する技術と身体が獲得できないのだ。

　この「切付」の「型」の前半部分から得られる叡智の一つは、「右に向き直る」ことによって、相手を崩して制することができる技術とその身体である。実はこの技術と身体には、物理的に自身の姿勢を正すといった技術や身体に加え、相手と調和するとは如何なる状態であるのか、そして、調和の崩れによって相手に違和感を生じさせないための技術とか、自身の正中線を保つとはいったいどのような状態かといった、物理的な身体の技術だけでは説明が困難で、精神的、または「気」といってよいような、心の技術の習得も必要とされる。このような心身の叡智を把握している場合にのみ、物理的な速度によって対応が困難な状況を覆すことができるし、「型」とは異なる状況において、その技術を発揮できる。

「切付」の後半部分も同様である。想定から読み取れる最も厳しい状況に対して対応可能な身体を習得することで、そのような厳しい状況に対して無理をせず、パワーやスピードに頼らず、自然と対応できるような技術をもった心身を習得できる。このような「型」の学習では、想定と動作・姿勢を崩してはならない。その枠組みによって修行者の身体操作が制限されることで、初めて「型」の持つ叡智を習得できる。この制限がなくて「型」の叡智が習得できるのであれば「型」など必要ない。第4章では、同じく「型」の例として空手を紹介するので、後でご確認いただきたい（図4-3、図4-4）。

2　統合的に身体知を把握する

「型」がもたらす部分と全体の統御

武道における「型」は、身体の部分と全体の統合と制御の法を授けるものである。ボールを投げるのには肩を使うから、速いボールを投げるために肩を鍛えましょう、つまり「作用する部分を特定して、その部分を鍛錬しましょう」というのがいわゆるスポーツ科学的な発想である。「今はそんな考えは古いので採用しておらず、体幹といった、直接作用する部分以外を大切にしています」などと言われそうだが、体幹という部分を特定して鍛錬するという発想に相違はない。「型」の発想は逆である。部分は特定しないし、特定の鍛える部分も存在しない。「型」の動作・姿勢を通して、手足といった部分を全体の身体操作の中に位置づけることを学習し、手足といった特定の部分に着目するのでは獲得できないような働きを体得するのである。

要素分解による形骸化

それゆえ、想定の設定が如何に滑稽で実現が難しく思えても、実現できるようにならねばならない。「型」を自身の身体と頭の理解に合わぬからといって、一部分を切り出し、変更を加えるといった、

「型」の時間的・空間的分解をしてはならない。分解すると「型」本来が教えてくれるはずであった叡智が失われる。「形骸化」である。ここでいう分解してはならぬというのは、要素を特定し要素間の関係性として解釈してはならぬということであり、つまり言語化して説明してはならぬ、ということに等しい。

言語、特に科学で用いられる言語は、対象となる事物の明示を前提に事物間の関係性を論じる（第3章参照）。言語化されて事物の関係性に言及した「型」は「マニュアル」となる。いわゆるマニュアル人間は、そこに書かれ決められた事項には対応できるが、それ以外の事項には対応できない者を指す。言語化によるマニュアル化は、「型」の想定外で発揮されるべき叡智の働きが失われ、それ自身で閉じたものとなる。「形骸化」と同様、「型」本来の叡智と可能性が失われる。

「型」の要求を満たしたとき、身体そのものが獲得されている。身体による把握が要求され、言語や思考による理解は必要としないというのが、「型」の核心である。もちろん、「型」は身についた後、「型」の設定から自由となり、それこそ一部分を抜き出して利用することが可能である。

言語化ということでは、武道や伝統芸能には伝書があるではないか、というご指摘を受けそうである。筆者は、伝書の内容は、その伝書の執筆者に近い叡智を内在化している者にしか、本質的なところは掴めないと考えている。つまり、初めから伝書を通じた言語による「型」の叡智把握は困難であって、伝書はあくまで叡智を内在化している者が叡智自体を確認するか、または、叡智習得途上の学習者が正しい方向へ向かっているかの確認にしか有効ではないということだ。このあたりの議論については、第3章および補章1にて補完する。

要素の定義や役割は変化する

「型」における要素分解と関係性への言及の放棄は、「型」を構成する部分の定義が変化するという性質とも関係している。身体の各部分の働きは、一つの「型」の習熟度によっても変化する。例えば、目で見る方向も、初心の段階では姿勢を正す役割だったものが、習熟するにつれて身体の全体運動を導くものになったり、意識や気を飛ばすスイッチとなったりする。この場合、「型」の習熟によって、姿勢を正す役割は目から失われる。また、今、目という部位に着目したが、どこからどこまでを目が示す範囲とするかということも、変化する。目の奥なのか、眼球全体なのか、瞼も含むのか。そもそも見るという行為を果たす部位として、見ている本人は眉間付近を使用しているといった感覚になることも多く、この場合、目は解剖学的な目ではない。同じ目という言葉を使っても、その指し示す部位は変化する。このような部位と役割の変化を前提とする「型」では、部位を特定し明示する必要がない。

3 型の叡智の習得

「型」と「師」

武道では、このように稽古を通して「型」を習得していく。しかし、達人に至るためには、通常、一つの「型」を習得してその叡智を身体に染み込ませるだけでは不十分である。一つの「型」によって習得した身体を前提とし、新たな「型」を学習して次の身体知を獲得する、という積み重ねの先に達人への道が開けてくる。学習者にとって、「型」の理解度は言葉で語られるものではなく、次の「型」の学習中に身体を通じて自然と掴むことができるものだ。「型」による学習を積み重ねていった結果、初めて過去に「型」を通じて習得した身体知を把握できることも多々ある。それゆえに、「型」を通した学習に大切なのは、良質の「型」から構成された一連の「型体系」と「型」の習得度合を見極める師の存在である。

「型」と「型体系」がしっかりしていなければ、「型」を通じて達人に至ることは難しくなる。そして、言語化と意識化が困難な「型」の習熟度を見極める「師」の存在がなければ、「型」を通じて身体知を獲得することが難しくなる。武道・武術では、それぞれの流派で多少は異なるが、初伝（初めに習得する型群）、中伝（初伝の身体を前提として習得する型群）、奥伝（中伝の身体を前提とする型群）など、段階が決められており、その到達度によって、切り紙、目録、免許、などが師（すなわち「型」を提供する側）から与えられる。現在でいえば、本来の意味での級や段である。

「型」の半保存性

ここに「型」による叡智の伝達と共有の難しさの一端がある。「型」の叡智は無自覚な身体（と日本刀など身体の延長としての道具）に依拠するので、「型」を把握し体得しているかは、その「型」を学習中の個人には判断できない。そして、師の身体と眼が「型」の体系をきちんと把握していなければ、学習者へ適切な指導ができず「型」の叡智を伝達・再現できない。だから、同じ「型」の学習者でも、師の到達度によって伝わるものが変わってしまい、最悪の場合は「型」の叡智は伝達されず、学習者には学習前と同じ身体が残るだけである。

身体への依拠は、人と道具が違えば同じ叡智を伝えるのに最適な「型」が異なるということでもある。師と学習者の身体は異なるのであって、たとえ師の到達度が十分であっても、それを学習者が再現できるとは限らない。いつまでたっても学習者の身体に叡智が蓄積されないということも十分あり得る。武道・武術の学習者が、ある流派（型体系）において師より免許皆伝を授けられ、「型」の体系とその叡智を十分に体得したと認められた後、独立して「型」と「型」の体系を修正し、独自の流派を立ち上げることが多々あるのも、「型」の叡智が身体に依存していることが理由と思われる。武道の「型」は、その「型」が本来教えてくれる身体知を真に把握したものによって変化し続けるものともいえる。

このように、身体知という叡智を獲得する手段である武道の「型」は、半保存的であり半再現的であるのが現状である。その一つの原因として、「型」（と「型」の体系）の叡智の把握が、「師」と「個人（と道具）」に深く結びついていることが挙げられる。逆に言うと「型」の叡智が「師」および「個人」から切り離せるのであれば、その時「型」はより保存的かつ再現的となる。もちろん、一旦定められた「型」は「個人」や「師」とは関係なく客観的に存在し不変であり、その客体化された「型」自身は保存的で再現的である。問題となるのは、「型」が示す叡智の把握と伝達という点である。

叡智を客体化した「型」と、叡智を内在化した「師」の間で

「型」と「師」について、沖縄古伝空手道および居合道の師範である宇城憲治氏は、自身の空手道心道流の「型」のみならず、「師」である座波仁吉氏の存在があってこそ、現在の境地にたどり着けたと述べている（文献19）。百聞は一触に如かず、と、師の体に何が起きているかを直に触れて学び、師に触れられることでどのような身体感覚が要求されるかを学ぶことが大切であると強調されている。一方で、師の存在なくして達人と呼ばれる領域に達している者もいる。例えば、剣術・居合術・柔術などの宗家である振武館の黒田鉄山氏は、その著書の中で、師である祖父は早くに他界し、その時点

で武術的身体に対する把握はなく、残された「型」を手掛かりに修行を続けた結果、「型」を通じて武術的身体を獲得し、「型」を把握したと述べている（文献20）。そして、「武術の本質はすべて型に包含されるものであり、単なる型の反覆稽古のみでも質的変化を伴う技の向上が期待できるものである（文献21）」と述べている。この例は、師の存在がなくとも、良質な「型」の体系によって、十分に「型」の叡智にたどり着ける可能性があることを示している。もちろん、黒田氏は、若いころに祖父から手解きを受けた内容に頻繁に言及しており、そういった言葉が手掛かりになったことは確かであろう。

反対に、「型」の存在や位置づけが希薄であっても、「師」の存在によって達人に至ることもあろう。武道からは離れてしまうが、いわゆる職人がその技を師匠から学ぶことや、芸術家が師匠についたのち独自の世界を花開かせることなどは、ここで言う「型」の存在よりも「師」の存在が大きいように思う。ここに、「型」体系と、「師」の存在が両端に置かれ、それぞれの重みが異なりながらも「身体」の獲得へ至る様を描くことができる。究極的な「型」が存在すれば、それは「師」を必要としないものであろう。第４章で詳しく触れるが、この様な「型」と「師」のあり方は、叡智を客体化した「型」と、叡智を内在化した「師」が、学習者の両端に存在しており、学習者は「型」と「師」の間を動きながら叡知の習得に励むというように捉えることができる。

異なる型体系に重なる叡智

「型」の学習の際に、まったく別体系の「型」が「師」の代わりを果たすこともある。前述の黒田氏は、柔術を修練することで、剣術・居合術の把握につながると述べている。多くの達人と呼ばれる武道家が、一つの武道のみならず、複数の武道に通じているのは偶然ではないだろう。むしろ、武芸百般に通ずるというのは自然であるように思われる。また、「型」の叡智が、体系の習熟を積み重ねた後で自覚できるということも、異なる「型」の叡智が目前の「型」の叡智の把握につながることの証左にもなっていると思われる。

「型」による叡智の習得について最後に筆者自身の経験も述べたい。先に紹介した「切付」の叡智は、学生時代に「切付」の「型」を稽古していた時に把握したものではない。自身が学習した伯耆流の型体系は、「切付」を含む「表」と呼ばれる六本の「型」と、その後に続く「中段」と呼ばれる九本の「型」に分かれている。その一五本の稽古を続けるなかで、「表」に共通する「型」からの要求事項を、「中段」までを含めた稽古を継続することで見出したのが最初のきっかけである。そして、その身体と心の技術の叡智は、空手の型稽古の中で把握し、居合の「切付」においても実践できるようになったものだ。このように、居合と空手、それぞれの体系から得た身体知がそれぞれの体系の把握を助け、いわばフィードフォワード的に「型」の叡智の理解が加速することを体験している。一方で、筆者が把握したのは「切付」の叡智のほんの一部でしかないだろうことも自身で理解しており、それ故に「型」による稽古には終わりが見えない。何より、筆者が「切付」の技術や叡智について記した内容は、「型」の想定や解説書には一切記されていないし、おそらく、稽古する個々人によって大なり小なり異なった捉えられ方をされているだろう。大切なのは、「型」の叡智の習得では、解説によって正解を導くのではなく、稽古する個々人が叡智を「型」の中に見出して把握するという行為だということだ。

4　方法論としての「型」
武道における「型」の普遍性

「型」は万人に同様の叡智を習得させせられるか、すなわち、「個人的身体」から切り離すことができるのだろうか。武道における「型」は、想定と動作・姿勢によって修行者の身体操作を制限し、「型」が含む身体知を獲得させるものである。この身体操作の制限と叡智が、個人に依らず万人に共通のものであるのなら、「型」を個人から切り離すことが可能である。前述の宇城氏は、「型」を通して習得した身体から、自分自身の「形」を作ると述べており、このとき自分の「形」から高度な技を繰り出せると述べている（文献19）。だから、「型」は不変であるべきで、個人は「形」として用いるのだと

（ここでの「形」という語彙の使い方について、「形」は外見的なものであり、「形」から「型」を産むという言説も多いことを付記しておく）。

このことは武道や伝統芸能で語られる「守破離」という教えに通じる。「守破離」とは修行の過程を表す言葉である。まずは師匠から教わった「型」を徹底的に「守る」ところから修業が始まり、修業の末にその「型」を身につけた者は、自分に合った、より良いと思われる「型」を模索し試すことで、既存の「型」を「破る」ことができるようになる。さらに修業を重ねることで、既存の「型」に囚われることなく「離れ」て自在となることができる、といった修行過程の段階を表している。つまり、「守」の段階で宇城氏を導いた「型」の叡智は万人に通じるものであり、その先に「形」が生まれるのであり、「型」は個人の身体に依存しないということだ。

方法論としての「型」の特徴

以上のように、武道における「型」は、保存・再現・伝達を前提とした、叡智を共有化する表現の方法である。「型」というパッケージの作り方そのものが叡智の捉え方であり、「型」による伝達そのものが叡智の表現の仕方である。「型」はその中に嵌めることを目的とせず、その叡智を「型」の想定外において発揮させることを目的としたものである。言語化・意識化を要求せず、時間的・空間的に分解すると、その叡智が失われるものであり、身体の統合的な把握をもたらす方法である。また、

「型」に内包される要素に言及する必要がなく、仮に言及された場合でも、その要素の指し示す範囲や働きが変化する。この要素の定義が変化するという点、および、叡智の習得が学習者の経験に依存するという点については、第3章および第5章にて詳しく論じる。また、補章1として、武道の簡単な歴史や海外から見た武道について補足する。

本章では、「型」は言語化すれば形骸化すると説いた。一方で、芸道の伝書のように言語化された「型」が存在するのも確かだ。次章では、言語を用いた「型」の例として漢方医学を紹介し、言語が用いられている場合でも、「型」としての特徴を満たしうることを紹介する。

武道の型の特徴

1．特定の叡智を内在するパッケージである
　↓敵に対応するための身体知を内在する型と型体系である。
2．非分析的な把握と伝達の手段である
　↓身体の部分と全体の統合的運用を把握し伝達する手段である。
3．保存的であり再現的である
　↓型自体は学習者の経験に依拠せずに存在し再現されるが、叡智の把握自体は学習者個人の経験に依存する。

4. 要素間の関係性に分解すると価値を失うものである
↓パーツごとの理解、パーツ同士の関係性で理解すると形骸化する。

5. 各要素の定義は変化する
↓学習者の修行の深さに応じて、身体各部の範囲や役割が変化する。

6. 内在する叡智は「型」の外でも有効である
↓実戦で使用できる。

補章1　武道への視線

古武術から武道へ、そして、競技武道＝スポーツへ

一般に武道というと、剣道、柔道、空手道などにおいて、対人競技として試合を行っているという印象が強いのではないだろうか。確かに、剣道は、防具を付け、竹刀を用いて、相手の面・籠手・胴・突の各打突部位をより早く十分に打ち込めるか、を競う種目だ。柔道であれば、相手と組み合って投げたり、相手を床に組伏せて固める寝技を競い、技の懸かり方の程度によって効果・有効・技あり・一本が審判によって決められる。空手でも、オリンピックに採用された伝統空手であれば相手に効果的な打突を如何に早く当てられるか、フルコンタクト空手であれば相手に打撃を打ち込みノックアウトできるか、が競われる。反則を含むルール設定の中で優劣を競うのである。

このような競技スタイルは、何も古くから存在したものではない。剣道であれば、現在に繋がる防具と竹刀の導入は江戸時代に一刀流や直心影流をはじめとする流派が改良して取り入れ始めたのが端緒とされ、声を張上げて打ち合うというスタイルは、明治初期の廃刀令によって困窮した武士たちが

始めた見世物としての撃剣興業に影響を受けたものだという話もある。いずれにせよ、明治・大正時代に入ってから、武術奨励のために結成された大日本武徳会により、それまでの「剣術」や「撃剣」といった名称が「剣道」に統一され、試合におけるルール等も整備されていった。一方で、古来の剣術を伝える流派では、現在でも刀や木刀や袋竹刀を使用した「型」を中心に稽古が行われることが多い。

柔道では、古来武芸として嗜まれた無手の技（当身技、関節技、絞技など）を伝えた流派やその技法を、明治時代に講道館の嘉納治五郎が人間教育としての側面を取り入れて整理し、「柔道」として広めたのが現代柔道の端緒である。試合としてのルールも講道館や大日本武徳会によって整備されていき、現在のスポーツ競技としての国際的地位を確立していった。もちろん、古来の柔術を伝えている流派では、いわゆる試合や乱取りによる稽古よりも、「型」による稽古を重視しているところも多い。

空手は、柔道や剣道など他の武道と異なり琉球王国（現在の沖縄県）にそのルーツをもち、琉球の人々が中国や日本などの周辺地域との交流を深める中で、独自に発展した武術だ。現在では、武器を持たない打撃武道という印象が強い空手だが、琉球王国当時は手（デ、ティ、テー）や唐手（トーデ、トゥーディ）と呼ばれ、打撃技に加え、関節技、投げ技、そして武器術も含む総合武術であった。一七世紀初頭からの薩摩藩支配下において、武器の携帯が禁止され、無手の技が発達していったとされる。薩摩藩支配下の琉球武士たちは、琉球王国の各地域で、人の目を盗みながら「型」を稽古することで技を磨いていった。そして、明治維新を経て日本に帰属して沖縄県となり、明治時代後半から船越義珍氏などの多くの武道家によって日本本土に唐手として広められていった。船越義珍氏は唐手術を新たに空手道として定義しなおし、空手道普及の地盤を確立した現代空手道の立役者というべき人物である。昭和に入って後、「型」の稽古に加え、スポーツや格闘技的な組手試合が発達し、その流れの中で打撃武道としての側面が強調されるようになり、今日の「組手試合・打撃格闘」と「型」という空手のイメージが作り上げられた。

このように、現代の武道は、上記以外の弓道や居合道なども含め、江戸時代以前からの武術技法体系である「型」を中心に据えた古武術に端を発し、明治から昭和初期にかけて統一整備されて武道となり、そして、ルールを持つスポーツとしての競技種目となるという段階を踏んだ歴史を持つ。時代の流れの中で規格化がすすんできたということだ。現在、国際的にも、競技人口はルールを持つスポーツとしての武道が最も多い。このような流れに対して、二一世紀に入ってから、甲野善紀氏といった古武術研究者や古武術の伝承者がマスメディアに多く登場するにともない、ちょっとした古武術ブームが起こった。その中では、古来の武術が持っていた身体知に焦点が当てられ、ルールありきの試合に特化した武道が失った技法や身体知が存在し、スポーツのみならず介護や人間関係といった様々な分野で応用できることが示されていった。規格化、すなわち、本書でいうマニュアル化によって失われた「型」的な叡智の復興である。二〇二一年現在、武道は、古武術としての武道、明治以降戦前までに確立された武道としての武道、そして、スポーツとしての武道といった三つの側面で楽しまれている。

武道の伝書

第3章では、能の伝書である『風姿花伝』、剣術の伝書である『兵法家伝書』について触れるが、一般的に武道の伝書にはどのようなことが書かれているのだろうか。武道の伝書でおそらく世間に一番認知されているのは、戦国末期から江戸時代初期の剣豪である宮本武蔵が記した『五輪書』(文献22)ではなかろうか。宮本武蔵は六〇以上の決闘で負け知らず、巌流島で佐々木小次郎と決闘して勝利したと伝えられている剣豪である。昭和の作家吉川英治氏の小説『宮本武蔵』、平成であれば井上雄彦氏の漫画『バガボンド』で触れたことのある読者も多いのではないか。『五輪書』は武蔵が晩年に現在の熊本県の洞窟内にて書かれたとされる。兵法者としての日常の心得、身体や太刀の具体的操作に関する注意事項、戦いにおける心構え、他流派の評価、武の実践哲学といった内容が、地之巻・水之巻・火之巻・風之巻・空之巻の五巻にわたって書かれている。

例えば、兵法者としての心得であれば、「(地之巻) 兵法の道、大工にたとへたること。大将は大工の統領として、天下のかねをわきまへ、其国のかねを糺し、其家のかねを知る事、統領の道也。」といった具合だ。身体の具体的な操作としては、「(水之巻) 身のかかり、顔はうつむかず、あをのかず、かたむかず、ひずまず、目をみださず、ひたいにしわをよせず、まゆあいにしわをよせて、目の玉うごかざるようにして、またたきをせぬやうにおもひて、目をすこしすくめるやうにして、うらやかに見ゆるかを、鼻すじ直にして、少しおとがいを出す心なり。」といったように、具体的な注意点が示されている。こういった心構えや具体的な技法への言及から、現在でも、経営者や武道家に人気のある伝書だ。

徳川秀忠・家光の兵法師範であった柳生宗矩が執筆した『兵法家伝書』は、新陰流（柳生新陰流）の技法・理論の集大成として完成させた伝書であり、こちらも『五輪書』と同様に、心得、技法、実践哲学、といった内容となっている。こういった構成は、世阿弥の『風姿花伝』も同様であり、日本の歴史における一般的な伝書のスタイルといってもよいだろう。

こういった心得、技法、実践哲学を、歌として残している流派も多い。例えば、鹿島新当流では、「武士は生死の二つ打ち捨てて　進む心にしくことはなし（塚原卜伝高幹・卜伝百首より）」といった武士としての心得や、「柄はただ革にまされる物は無し　糸にて巻くは濡れて乾かず（同卜伝百首より）」といった実践における注意点の指摘が、和歌の形式をとって伝承されている。

また、伝書の中には、具体的な「型」を残しているものもある。このスタイルは、目録や免許といった師範から弟子へ、その流派の学習の進展に伴って与えられる資格、いまでいう段・級が与えられるときに、その書状の中で伝えられることが多い。目録や免許の書状に、具体的な「型」が名前・

図補1-1●新陰流兵法目録事より　長短一味

図・想定などと共に描かれている。例えば、『新陰流兵法目録事』では、「長短一味。打太刀より中の清眼にて、少太刀あいとをく、あやをとりかっかり候時、遣方向あやをとり、太刀を拍子の内につなぎ、右へうつりざまに左の足を出し、太刀を下段に引きとりて、目付を能見て切留。口伝。（図補1-1）」といった具合だ。ここでは、詳細は口伝となっている。口伝については、その流派が秘伝とする技術の流出を防ぐため、という説がある。そういった面も確かにあるのだろうが、筆者はむしろ全ての修行者に共通した部分、例えば想定以外の部分以外については、それぞれの修行者の心身に適した表現というのができない、表現してしまうと誤解を生み叡智の内在化を妨げる、ということも理由に挙げられるのではないかと思う。

当然、上記のハイブリッドの形をとるような伝書も存在し、例えば、技法などの心得とともに、型の具体的な記述があることもある。また、上記の『五輪書』や『新陰流兵法目録

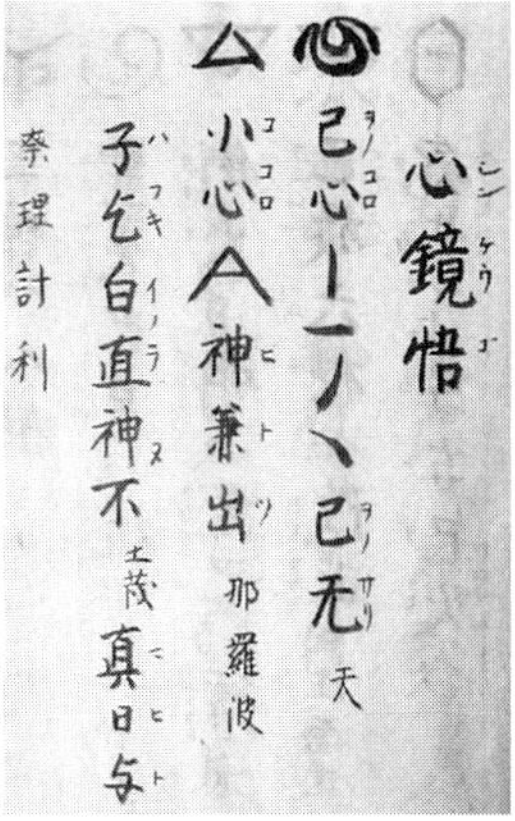

図補1-2●家秘録自臨伝心鏡悟影より　心鏡悟

事』のように、一見理解しやすいものもあるが、反対に、『家秘録自臨伝心鏡悟影（片山久安、岩国徴古館所蔵）』（文献23）の「心鏡悟（図補1-2）」のようにほぼ暗号のような伝書も散見される。

いずれの場合においても、第4章で触れるように、伝書内容の把握と理解は、その体系を内在化しているか、伝書の執筆者に近い叡智を内在化している修行者にしか、本質的なところは分からないと筆者は考えている。実際に上記で挙げた『五輪書』の「身のかかり」も、字面のような姿勢を取っただけですぐに何か効果が上がって技量が向上するというものではない。宮本武蔵自身の心身全体のバランスの中で、結果的にパフォーマンスが期待できるのがこのような状態であった、というのが真実ではなかろうか。

海外から見た武道

現在、海外においても、武道は格闘技やスポーツとして位置付けられることが多くなっているが、明治維新以降、心身を繋ぐ東洋の実践哲学として欧米諸国の人々を惹きつけてきたのも確かである。有名なところでは、一九二〇年代に来日し、弓道の阿波研三師範（図補1-3）に弟子入りしたオイゲン・ヘリゲルが挙げられる。ヘリゲルは、阿波師範の一見非合理に見える直感的な本質への接近に戸惑いつつ、弓道の研鑽に励む。『日本の弓術』（文献24）で紹介されている以下の阿波師範とのやりとりは、合理的・論理的な精神を持つヘリゲルの戸惑いが手にとるように分かる。

阿波師範　あなたは意思をもって右手を開く。つまりその際あなたは意識的である。あなたは無心になることを、矢がひとりでに離れるまで待っていることを、学ばなければならない。

ヘリゲル　しかしそれを待っていると、いつまで経っても矢は放たれません。私は弓を力の続くあいだ張っています。そうしてしまいには、まったく意識的に矢を離してやらなければ、張った弓に両腕を引き寄せられて、矢はまったく放たれるには至りません。

阿波師範　待たなければならないと言ったのは、なるほど誤解を招く言い方であった。本当を言えば、あなたは全然なにごとをも、待っても考えても感じても欲してもいけないのである。（中略）あなたがまったく無になる、ということが、ひとりでに起これば、その時あなたは正しい射方ができるようになる。

ヘリゲル　無になってしまわなければならないと言われるが、それではだれが射るのですか。

といった具合で話が続く（文献24、三三～三四頁）。こういった困惑を持ちながらも、研鑽をつづけたヘリゲルは、終に「非有の中の有の経験が自己の経験となるのは、無我の境に移された者が自己存在の中へ、死者が生成の中へ幾度でも投げ返され、そのようにして、自己の存在の軌道を超えたはるか彼方にまで意義を有するものを、自己自身について経験する、ということによるほかない（文献24、六〇頁）」と言い切るところまで辿りつく。

図補1－3●弓を引き絞る阿波研造師範。東北大学資料館蔵。
本文の阿波師範とヘリゲル氏のやりとりは、ここから矢が放たれるときの話である。

　弓道は、入場から矢を射て退場するまでの一連の作法と動きが決められており、いわば一つの「型」を繰り返し稽古する武道である。その繰り返しの中で、自ずから把握できる存在や生命の哲学、日本の武道に内在する事物の捉え方と伝達の仕方に、合理的・論理的であっては隠されてしまう事物の根源へ達する可能性をヘリゲルは見出したのだ。現在でも、世界中で多くの人が様々な日本の武道を楽しんでいるが、一見非合理に見える日本や東洋の武道の中に何か人生の本質に迫る魅力を感じているのだと思うし、筆者の周りでも武道哲学に興味を持って稽古をスタートした海外の方々が多くいる。

第2章 漢方の型と特徴——証と方剤の照応に見る叡智

前章では武道の「型」の考察を通じて、言語化などによる要素間の関係性への分解が、「型」本来の叡智を失わせることを議論した。ここでは、言葉による要素の明示がなされている、すなわち言語化されている「型」の特徴について、漢方を例に紹介したい。

ここでいう漢方は、漢方医学、東洋医学、韓医学、中医学といった、西洋医学とは異なる中国、日本などの伝統医学体系とする。それぞれ伝統医学体系では、理論や実践において、強調される点が異なったり、視点や内容に相違が見られたりするものの、黄帝内経《こうていだいきょう》、神農本草経《しんのうほんぞうきょう》、傷寒論《しょうかんろん》の三大古典が根本にあるという点では共通している（文献25）（漢方医学の歴史については補章2にて補う）。

三大古典は漢の時代（またはそれ以前）にその原典が編纂されたと伝えられている（現在伝わるものは後世再編纂されたもの）。黄帝内経（特に素問《そもん》）は主に陰陽五行・経絡・気血水《きけつすい》・五臓六腑論に基づく理論（文献26・27）、神農本草経は生薬（医学的効果のある薬草や鉱石など）の特性（文献28）、傷寒論では証（症状の組み合わせ）と方剤（生薬の組み合わせ）について詳しく記述されている（文献29）。この傷寒論における証と方剤の関係を、筆者の主張する「型」と捉えることができる。

1 傷寒論にみられる「型」

傷寒論とは何か

傷寒論は、傷寒雑病論《しょうかんざつびょうろん》、傷寒卒病論《しょうかんそつびょうろん》などとも呼ばれ、後漢末に張仲景《ちょうちゅうけい》によって編纂されたとされる。原典は残っておらず、宋本（北宋時代中国）、桂林古本（中華民国（大陸時代））、康平本（江戸時代日本）、また、傷寒雑病論から雑病（卒病）部分のみ独立したとされる金匱要略《きんきようりゃく》（文献29）など様々な伝本がある。その内容には一致しない部分もあるものの、主に急性のウイルス性疾患に対して対応策を記した「傷寒」の部分と、体質や細菌由来の疾患に対して対応策を記した「雑病（卒病）」の部分に分けられる。なお、上記で言及した「疾患」とはいずれも、現代西洋医学に基づく解釈であることに注意されたい。

対応策は、証と方剤の組み合わせとして記される。例えば、「桂枝湯《けいしとう》」という方剤（図2-1）では、太陽の中風《ちゅうふう》、脈陽浮《ようみゃくふ》にして陰弱《いんじゃく》、嗇々《しょくしょく》として悪寒《おかん》し、淅々《せきせき》として悪風《おふう》し、翕々《きゅうきゅう》として発熱し、鼻《び》鳴《めい》、乾嘔《かんおう》の者は、桂枝湯之を主《つかさど》る。「桂枝湯の方」 桂枝（三両、皮を去る） 芍薬《しゃくやく》（三両） 甘草《かんぞう》（二両、炙る） 生姜《しょうきょう》（三両、切る） 大棗《たいそう》（十二枚、劈《つんざ》く）（文献29）

〔傷寒論　太陽病上篇　第四章〕

といった体裁である。「乾嘔の者は、桂枝湯之を主る」までが証、「桂枝湯方」以降が方剤である。漢方（特に古方派）では、この証と方剤が一致することが重視される（方証相対や辨證《べんしょう》と言われる）。傷寒論は、極論するとこのような「証 - 方剤」関係の事典であり、どの伝本でも少なくとも一〇〇種類以上の証と方剤が掲載されている。二〇〇〇年の間に追記・削除・修正が時代・地域ごとに加えられてきたものの、その根本的な構成に変更はないとされる。つまり、記載された証に合えば方剤が効くという二〇〇〇年間の臨床的経験に支えていると考えられるのだ。「証 - 方剤」という「型」に病気を実際に治療できるという叡智が含まれているのである。

傷寒論では、ある証に対して、なぜ併記される方剤が使用されるのかという理由は述べられていない。特定の一つの症状（例えば、「嗇々として悪寒し」〔悪寒があり縮こまるような感じ〕）に対して、方剤中のどの生薬をどの程度使用するか（例えば、「桂枝（三両、皮を去る）」（皮を取り去った桂枝〔シナモンの枝や幹〕を三両）という、一対一の対応関係の記述もない（もちろん「嗇々として悪寒し」に「桂

図 2－1 ●本章で登場する生薬と方剤。
桂枝湯：桂枝三両、甘草二両、生姜三両、芍薬三両、大棗十二枚
小建中湯：桂枝三両、甘草二両、生姜三両、芍薬六両、大棗十二枚、膠飴一升
桂枝加葛根湯：桂枝三両、甘草二両、生姜三両、芍薬三両、大棗十二枚、葛根四両
葛根湯：桂枝二両、甘草二両、生姜三両、芍薬二両、大棗十二枚、葛根四両、麻黄三両
葛根黄芩黄連甘草湯：甘草二両、葛根半斤、黄芩三両、黄連三両
桂枝加芍薬湯：桂枝三両、甘草二両、生姜三両、芍薬六両、大棗十二枚

桂枝

甘草

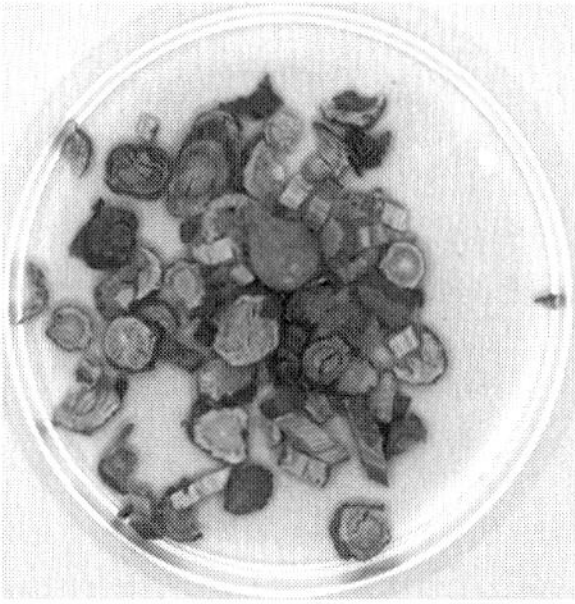

生姜

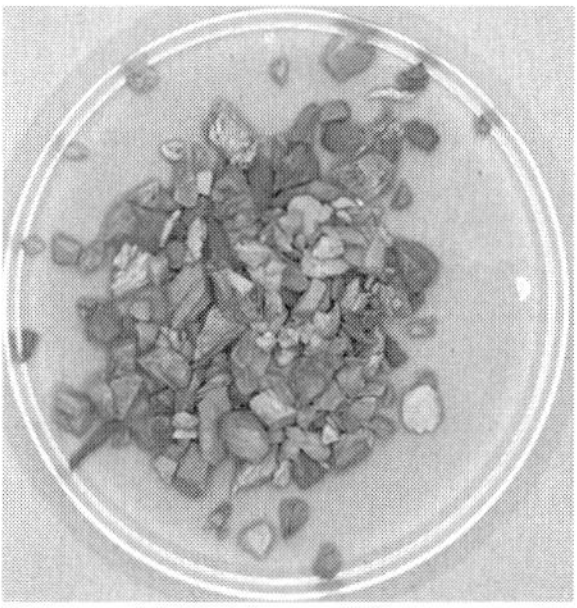

膠飴

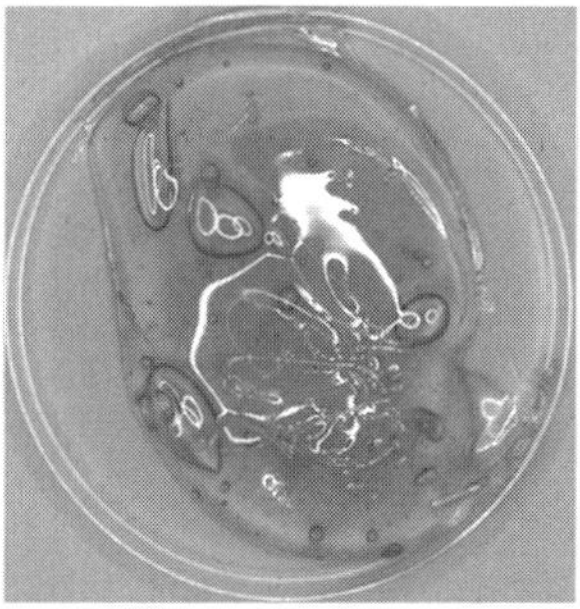

黄芩

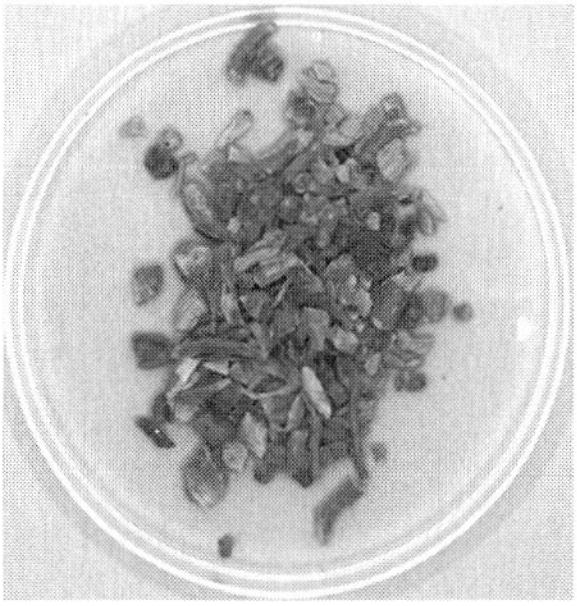

黄連

枝（三両、皮を去る）」は対応しない）。というのも、証と方剤を、個々の特徴と生薬に分解して対応させることが困難な側面があるからである。例えば、「小建中湯《しょうけんちゅうとう》（図2-1）」という方剤では、

> 傷寒、陽脈濇《ようみゃくしょく》、陰脈弦《いんみゃくげん》なるは、法當《ほうまさ》に腹中急痛すべし。先ず小建中湯を與《あた》え。「小建中湯方」桂枝（三両、皮を去る）甘草（二両、炙る）大棗（十二枚、劈く）芍薬（六両）生姜（三両、切る）膠飴《こうい》（一升）
>
> 〔傷寒論　太陽病中篇　第五六章〕

と記されている。桂枝湯と小建中湯の生薬を比較すると、違いは芍薬の量と、膠飴の有無のみである。一方で証は明らかに異なる。一見して証と方剤を分解して対応関係を明らかにすることが困難なことが理解できる。

「証‐方剤」関係の原理

しかし、なぜその証と方剤が対応するのかを知りたい、というのは人の自然な気持ちであるし、そもそも、証と方剤の関係の詳細が分からなければ記載されていない証に対しては対応できない。そこで取られたアプローチが、（1）一〇〇種類以上ある「証‐方剤」を比較して法則性を探る、（2）神農本草経に端を発する本草学の知見を導入する、（3）黄帝内経に端を発する理論を導入する、（4）

1〜3の組み合わせ、である。

証‐方剤の比較であれば、例えば、「桂枝加葛根湯《けいしかかっこんとう》（図2‐1）」では、

太陽病、項背強ばること几几《きき》、反《かえ》って汗出で、悪風の者は、桂枝加葛根湯之を主る。「桂枝加葛根湯方」葛根《かっこん》（四両）　芍薬（三両）　生姜（三両、切る）　甘草（二両、炙る）　大棗（十二枚、擘く）　桂枝（三両）

〔傷寒論　太陽病上篇　第六章〕

とある。桂枝湯と比較した際、ここで新たに登場する証の特徴は「項背強《こうはいこわ》ばること几几（項から背にかけて強張る）」である。方剤では、新たに葛根が登場しており、葛根が「項背強ばること几几」に有効なのではないかと推測できる。実際に日本で大変有名な「葛根湯《かっこんとう》（図2‐1）」では、

太陽病、項背強ばること几几《きき》、汗無く悪風するは、葛根湯《かっこんとう》之を主る。「葛根湯方」葛根《かっこん》（四両）　麻《ま》黄《おう》（三両、節を去る）　桂枝（二両、皮を去る）　生姜（三両、切る）　甘草（二両、炙る）　芍薬（二両）　大棗（十二枚、擘く）

〔傷寒論　太陽病中篇　第一八章〕

と、「項背強ばること几几」の記述が見られ、葛根は「項背強ばること几几」に対して一般的な効果

を持つのではないかと推論できるのである。

一方で、「葛根《かっこん》黄芩《おうごん》黄連《おうれん》甘草湯《かんぞうとう》（図2-1）」では、

太陽病、桂枝の證《しょう》、醫《い》反《かえ》って之を下し、利《り》遂《つい》に止まず、喘《ぜん》して汗出ずる者は、葛根黄芩黄連甘草湯之を主る。「葛根黄芩黄連甘草湯」葛根（半斤）甘草（二両、炙る）黄芩《おうごん》（三両）黄連《おうれん》（三両）

〔傷寒論　太陽病中篇　第二一章〕

とあり、「項背強ばること几几」と葛根の関係は見えなくなり、葛根が「項背強ばること几几」に対するのとは異なる機能、または、「項背強ばること几几」を包含する機能を持つことが推測される。また、葛根の量や葛根とともに使用される生薬が上記の桂枝加葛根湯や葛根湯とも全く異なることから、生薬の量や組み合わせで異なる効果が生まれることも推測される。そこで登場するのが、本草学の知見や陰陽五行、三陰三陽、五臓六腑、経絡に代表される理論である。

2　本草学と理論による「型」の補完

本草学の発展

本草学は、個別生薬の特性について、各時代と場所の理論や臨床知見を取り込みながら発展してきた（文献31）。例えば、葛根について三大古典である神農本草経では、

神農本草経（漢以前・中国）：中品。葛根　味甘、平、主治消渴、身大熱、嘔吐、諸痺、起陰気、解諸毒。

と、非常にシンプルな記述である。その後、この薬性を基本的に踏襲しながら、葛根に関する追加の情報として、

湯液本草（王好古著）（元代・中国）：陽明引經藥、足陽明經行經的藥。
本草綱目（李時珍著）（明代・中国）：葛根乃陽明經藥、兼入脾經、脾主肌肉。
得配本草（嚴西亭著）（清代・中国）：入陽明、兼入足太陽肺經氣分。
本草経解（葉桂著）（清代・中国）：入手太陽肺經、入足陽明燥金胃。

といった、経脈との繋がり（陽明、太陽肺經といった部分が経脈。引經や經行といった部分がその経脈に効果を誘導したり、効果がもたらされるといった意味）についての記述が加えられたり、

葛與栝蔞地瓜同入深而引蔓長。為使中氣上達之物。

〔本經疏證鄒澍著、清代・中国〕

又凡草木根荄。性必上行。

〔本草思辨錄周巖著、清代・中国〕

といった、葛根の植物としての特徴や、気を導く方向についての情報が加えられたりしてきた。もちろん、具体的な症状に対する使用法の記述も、併記されているものが多い。例えば、

古方薬品考（内藤尚賢著）（江戸時代・日本）：其根累年長生して肥大に至る。気味苦く甘く微収。其質潤通涼降す。故に能欝熱を清瀉し、胃中を調和す。乃之を合するに桂枝之発表を以てする時は、則項背強急之陽分を療す。葛根湯、桂枝加葛根湯の類是也。或は之に合するに芩連之涼降を以てする時は、則下利喘逆等の裏分を治す。所以に葛根芩連湯項背強急を言わざる也。

〔詳解古方薬品考「難波恒雄解説」古方薬品刊行会〕

のように、どういった症状に使うとよいか、その場合に気を付けることは何か等の具体的記述がある。古方薬品考の記述は、桂枝加葛根湯、葛根黄芩黄連甘草湯での葛根の功能をカバーしている。

このような本草学の知見を紐解いていくと、筆者が漢方を習った師である古方派（古方派について

は補章2を参照されたい）の譚傑中氏（台湾在住）は、

葛根は蔓のように上に伸びていくというイメージの生薬。土の水（水気）を背中の太陽経という経脈を通して上へ頂へと引き上げ、最終的に顔の陽明経に達する。それゆえ、水の気が足りない場合、特に首筋が固くなる場合に使用すると効果がある。黄連や黄芩といった瀉火薬《しゃかやく》とともに使用すると、太陽経とともに上る水気を冷やすことができ、頭から降りてきた水気が冷え、内臓の火が消える。その結果、熱が下がり、内臓の火による下痢が解消する。

〔譚傑中、台湾〕

と述べており、葛根の機能がその理論とともに浮き彫りになる。同様に、桂枝湯などに含まれる桂枝は、

桂は木（風）を侵略する木（桂の古い字は、木篇に帚〔意味は侵略〕と書いた）。桂は風邪を駆逐（追放）する力をもつ。心から動脈を通じて営気（血）の陽を押し出し、全身に巡らせると理解する。

〔譚傑中、台湾〕

芍薬は、

気を引くというイメージをもつ。方剤全体の巡る範囲を収束する。末梢の血液を主に静脈に引く

（管を広げるという力からの由来）。芍薬の別名は解倉・餘容（西遊記のひょうたんやドラえもんの四次元ポケットのイメージ）。炒めた芍薬を使用する。直接効果は平滑筋（内臓の筋肉）を緩めたり、静脈の血を引くこと。

〔譚傑中、台湾〕

と述べている。ここから、「桂枝＋芍薬」で身体全体に気・血を巡らせる、という物語が浮かび上がる。実際、桂枝湯はこの解釈で特性を理解できる（「太陽の中風」の部分）。また、芍薬の量が桂枝に比べて多い場合には、より気・血を体の中心へ収束する効果が高まることが期待され、実際に以下の「桂枝加芍薬湯《けいしかしゃくやくとう》（図2-1）」では、その解釈で筋が通る。

本《もと》太陽病、醫《い》反《かえ》って之を下し、爾《これ》に因って腹満して時に痛む者は、桂枝加芍薬湯之を主る。……

「桂枝加芍薬湯方」桂枝（三両、皮を去る）芍薬（六両）甘草（二両、炙る）大棗（十二枚、劈く）生姜（三両、切る）（文献29）

〔傷寒論　太陰病篇　第百三十四章〕

「腹満して時に痛む者」は腹が張って悶々として痛いという意味であり、芍薬が桂枝湯の倍入っていることで、方剤の効果が腹に集まると解釈できる。

しかし、このような解釈で「証-方剤」のすべての側面が説明できないのも確かである。例えば、桂枝加芍薬湯に膠飴が加わったものが小建中湯（前述）であり、膠飴は栄養を取る力を強化する功能があり、膠飴と芍薬と桂枝のバランスで身体の滋養を担うとされる。小建中湯にはこのような機能があるのは確かだが、一方で「傷寒、陽脈濇、陰脈弦なるは、法當に腹中急痛すべし。」という証と膠飴の功能は、必ずしも一致しない。

漢方医学を支える三つの柱

このように、「証‐方剤」、「本草学」、「理論」の三つが大きな柱となって、漢方の世界が構築されてきた。一方で、実際の臨床的効果を指標に据えたとき、すべてを矛盾なく十分に説明できる漢方体系は現在でも構築されていない。二〇〇〇年の歴史の中では、陰陽五行思想の理論を中心に据えたり、反対に、陰陽五行思想を極力排除して傷寒論の原典に近づこうとする動きが、時代と場所に応じて積み重ねられてきた。実際に、傷寒論一つをとっても、どの時代と場所で編纂されたかに応じて、陰陽五行思想などを取り入れた条文が異なって追加されたり、削除されたりといった結果が生じている。傷寒論自体は多くの漢方医（特に古方派）が「証‐方剤」の拠り所として常に回帰する古典であるが、現代に残された傷寒論そのものが、二〇〇〇年の歴史の中で様々な視点が追記・修正されてきたものなのである。

とは言え、傷寒論自体の基本的構造は依然、「証‐方剤」の組み合わせであり、臨床効果を指標とした「型」の価値が色あせるわけではない。陰陽五行説に代表される漢方の理論体系は、真実か否かは別として、物理的実体に支えられた理論体系ではなく、また、科学的に厳密性をもって構築された体系でないため、時に実際の現象と矛盾し、また、常に例外を多く生じる状態にある。いわゆる物理法則と異なり、理論としての精度が低いのである。本草学においては、個別の生薬についての知見が蓄えられてきているものの、個別の生薬では現実の複雑な症状（証）には対応できないことは周知の事実であり、実際に生薬単体で使用される例は少ない。つまり、理論および個別生薬の知見では臨床的に精度をもって対応することができず、「証‐方剤」という「型」に常に立ち戻る必要があるのである。

西洋医学では、病名は、病因としての物理的実体と現象が根拠として与えられ、その結果、物理的実体をターゲットにした薬が病名に対して処方される。もちろん、現象のみで物理的根拠が不明という病名も多数存在するが、それは、西洋医学においては積極的な治療ができないということに等しい。一方で、漢方では、病因としての物理的根拠を求めず、症状（証）と薬（方剤）の関係により臨床的効果を上げるという体系を構築してきた（第4章でも触れる）。傷寒論においては、「桂枝湯証」といった「証‐方剤」の関係のみが病名の替わりに与えられている。

3 型体系としての傷寒論

「型」体系としての構成

傷寒論における個別の「型」は、本章第1節でも紹介した桂枝湯や小建中湯などの個別の「証‐方剤」の照応である。武道と同様、こういった個別の「型」の学習中には、その「型」の叡智を把握するのは困難である。体系として個別の「型」の学習を積み重ねる中で、叡智の全体像を把握することができる。傷寒論の場合は、傷寒論一冊全体が一つの型体系、すなわち、武道でいうところの一流派と捉えることができる。

第1章で紹介したように、武道では一つの流派の型体系の学習を効果的に進めていくために、初伝・中伝・奥伝といった段階が設定されている。それぞれの段階で、それぞれの学習者の習熟度合に合わせた複数の「型」が準備されているのである。傷寒論の場合は、段階的に叡智を習熟していく、という発想はみられないが、代わりに、六病位（六気とも言う）と呼ばれる、病気の進行や程度に基づく分類がある。六病位は太陽、陽明、少陽、太陰、少陰、厥陰の六種類の病位から構成され、それぞれの病位に複数種類の「証‐方剤」が配置されている（表2‐1）。

六病位	性質	範囲	治療	脈	主証	桂林古本に基づく方剤例
太陽	気の量が多い	営気と衛気、血管	発汗、小便など	浮	悪風、悪寒、畏寒、後頸部の張り、手足疼痛蓄水、蓄血など	桂枝湯、麻黄湯、葛根湯、小青龍湯、大青龍湯、五苓散、瀉心湯
陽明	気の量が少ない	筋肉、大腸	発汗、大便など	洪滑	悪熱、大汗、燥、渇、額の痛み、垢じみて汚れた顔、黄疸、便秘、頭がのぼせた感じ、うわごと、手足汗など	白虎湯、調胃承気湯、小承気湯、大承気湯
少陽	気の量がさらに少ない	リンパ、膜網	汗や小便などによる病邪の排出はしない	弦	脇痛、往来寒熱、嘔吐感、耳鳴り、目眩、舌苔白い、睡眠障害、消化失調、いらいら、上腹部疼痛、激しい嘔吐など	小柴胡湯、大柴胡湯、柴胡桂枝湯、柴胡加龍骨牡蠣湯
太陰	虚弱		補薬滋養、大便	沈緩軟	吐瀉、下痢、お腹の膨満感や痛み、小便の切れの悪さ	理中湯、四逆湯
少陰	陰寒		補薬滋養	沈細	気力が湧かない、現実逃避、憂鬱、扁桃腺炎症、小便白濁、小便障害、心と腎の衰弱、暴れて死にたくなる感じ、肺の積水、心包の積水、手足の冷えなど	麻黄附子細辛湯、真武湯、附子湯、朱鳥湯、当帰四逆湯、猪膚湯、呉茱萸湯
厥陰	陰陽分裂		補薬で陰陽分裂を繕う	沈弦	心臓の突きあげ、胸中の疼痛や熱感による苦悶、頭頂部の痛み、陰部の痛み、食欲不振、指先の冷え、上半身が熱く下半身が寒い、寒さと熱さが錯そう、脇腹の痛みなど	宋本麻黄升麻湯、烏梅丸、白頭翁湯

表2－1●六病位

六病位に沿った学習

六病位の基本的な考え方として、病気への抵抗力（正気・陽気）が十分にあり、身体の表層に近い部分で病邪と戦っている状態の太陽病から始まり、だんだんと抵抗力がなくなり病邪が徐々に身体の内部に進行していく陽明病と少陽病へと病気が進行する。太陽病、陽明病、少陽病は陽病に分類され、基本的には抵抗力があるために発熱を伴って病気と闘っている状態である。そして、正気・陽気が不足し、内臓といった体内の深部へ病邪が浸入すると、太陰病、少陰病、厥陰病と呼ばれる陰病へと進行する。陰病では、手足や内臓の冷えが生じ、太陰病、少陰病、厥陰病と移行するにつれて、生命力が弱くなり、病気としてより重篤な状態となる。そして、厥陰病が進行すると死に至るとされる。

それぞれの病位で共通した症状が傷寒論では各病位篇の最初に掲載されており、例えば太陽篇であれば、

太陽の病たる、脈浮、頭項強痛《ずこうきょうつう》して、悪寒す。（文献29）

〔傷寒論　太陽病上篇　第一章〕

といった具合である。太陽病での症状の特徴として、脈が浮き、頭痛がしたり、項が強張ったりし、ぞくぞくとした寒気がある、ということである。このようにそれぞれの病位に特徴的な症状が傷寒論には記載されており、それぞれの「証‐方剤」という「型」を把握する鍵ともなっている。

例えば、第一節で登場した方剤には、それぞれ典拠として、太陽病上篇または太陽病中篇と記載されている。桂枝湯、小建中湯、桂枝加葛根湯、葛根湯、葛根黄芩黄連甘草湯は、すべて六病位の太陽病に属する方剤であったわけだ。つまり、これらの「証-方剤」の背後には、太陽病という特徴が共通して流れており、それぞれの「証-方剤」の記述の把握の助けとなるのだ。証の記述を読むと、直接的に「太陽病」と示されているものもあれば、「太陽病」とは示されていないが、太陽病の個別の症状が記述されているものもあることが分かるだろう。そして、それらの共通した特徴に加えて、個別の「証-方剤」の照応に特徴的な証が記されていることが分かるはずだ。また、証の記述において、小建中湯の「陽脈濇、陰脈弦なるは」といった、先に挙げた太陽病の特徴（脈浮）とは異なる症状が記されているものもある。こういった、それぞれの「証-方剤」における共通点と相違点を、それぞれの病位の中で読み解いていくことが、型体系として傷寒論を学習する最初のステップとなる。

病位を跨ぐ学習

ある方剤が、複数の病位で記載されることもある。例えば、桂枝湯は、第一節で取り上げたように太陽病篇に記載されているだけでなく、以下のように太陰病篇にも記載されている。

太陰病、脈浮の者は、汗を發っすべし、桂枝湯に宜し。

〔傷寒論　太陰病篇　第百三十二章〕

といった具合である。太陰病で脈に顕れる特徴は「脈沈」であり、太陽病の「脈浮」とは、反対の症状である。太陰病は身体の内部に病邪が浸入している状態であった。それにもかかわらず、脈浮という体表面に近い部分に病邪が存在する太陽病としての特徴を持つことが示されている。では、どのように解釈するのか。太陽病と太陰病の双方の病位を把握している者であれば、これは、身体内部と同時に、体表面に近い位置にも病邪があると推察することができる。そして、桂枝湯という太陽病の方剤が用いられることから、本項を始めて学習する者にとっては、太陰と太陽の症状が共在している際には、まずは、体表の病邪から除いていくのが良いのだ、という新たな叡智をこの「証‐方剤」の照応から掴むことができるのだ。

このように、傷寒論の学習者は、六病位というそれぞれの項目別に学習をスタートし、各病位での学習が成熟するに従い、病位の垣根を超えた視点を獲得していく、というプロセスをたどることになるだろう。その先に、型体系としての傷寒論の把握が待っている。

4 「型」としての漢方

「型」の特徴への合致

傷寒論のような「証‐方剤」も、「型」の六つの条件に合致する。まず、臨床的効果を上げるという叡智を内在するパッケージである。証をそれぞれの要素に分け、方剤をそれぞれの生薬に分解すると価値を失い、臨床的効果が期待できない。分解して物理的要因を求めず、複雑な病気を統合的に理解し伝達する手段である。方剤を構成する各生薬の役割はそれぞれの「証‐方剤」の中で変化する。二〇〇〇年間保存（実際には、その時々の達人や学習者たちによって追記・修正されているので半保存であるが）され、今でも漢方医に参照されて再現されているものである。そして、「型」の外での叡智発揮に関しては、筆者本人はまだ実感に至っていないが、筆者の漢方の師である譚傑中氏は、いったん傷寒論なりを極めると、新たな症状や患者個人の特性に合わせて方剤を調剤することが可能になると語っている。そこに積み重なった理論と本草学的知見も含めて修得したとき、いわゆる合理的な理屈に基づくのではなく、半無意識的に調剤しているとも言われている。実際に、譚氏にはそれが可能であり、筆者も症状に応じた方剤を調剤してもらってきた。このように、含まれる叡智自体は個人と切り離すことができるものだが、その把握については学習者個人の経験に依存するという点は武道と共通であり、傷寒論以降、場所と時代に応じて様々な「型体系」が構築されてきた。

言葉を用いる「型」として

武道では「型」は対敵を想定した連続的な動きであり、時間・空間的な分解を禁忌とした。そして、一連の「型」から成立する「型体系」の中に、個別の「型」の叡智を把握するポイントがあった。本章で紹介した傷寒論の場合では、言葉（証）と言葉（方剤）の照応関係が「型」となっており、時間・空間的な分解ではなく、それぞれの言葉の役割への分解が禁忌となる。そして、傷寒論という一冊を通じた「型体系」が叡智把握のポイントとなっている。つまり、漢方は言語的であるにもかかわらず、分解・分析的な理解を望むと叡智の把握が適わなくなるものであるということは武道と共通しているのだ。

第3章と第4章では、こういった言語・非言語、分解・分析といった要素にも触れながら、科学的方法論と型的方法論の相違を明らかにし、それぞれが扱うことを得意とする事物や叡智を例に交えつつ詳細に議論する。また、第4章では、それらの議論を踏まえ、西洋医学と漢方医学のそれぞれ得意とするところにも触れる。これらの章をお読みいただくことで、「型」が科学を補完しうる普遍的な方法論であることをご理解いただけるだろう。補章2では、漢方医学の歴史、漢方医学への科学的アプローチについて補完する。

漢方（傷寒論）の型の特徴

1．特定の叡智を内在するパッケージである
↓病気の症状を改善する叡智を内在する。

2．非分析的な把握と伝達の手段である
↓個々の生薬と症状に分解すると理解できない。

3．保存的であり再現的である
↓二〇〇〇年以上にわたって経験的な正しさが認められている。

4．要素間の関係性に分解すると価値を失うものである
↓個別生薬の知識だけでは、症状（証）に対応できない。

5．各要素の定義は変化する
↓各生薬の役割が、それぞれの方剤で異なる。

6．内在する叡智は「型」の外でも有効である
↓その一冊（傷寒論）に掲載されていない症状（証）に対しても、方剤を調合できる。

補章2　漢方の歴史と科学

漢方の歴史

第2章においては、漢方を、「漢方医学、東洋医学、韓医学、中医学といった、西洋医学とは異なる中国や日本の伝統医学体系とする」とした。中国の伝統医学体系に根を持つことは確かだが、実際の歴史はもう少し複雑だ（文献25、文献32）。

中国では、紀元前一二世紀～一四世紀の甲骨文字にも疾病に関する記述が発見されており、医療行為が行われていたことが知られている。もともと、「巫《ふ》（ミコ、舞や音楽で神を招き、神仕えする人）」と「医」は一つであり、巫が本業で医を兼ね備えていたとされる。中国の伝統医学は、元々は宗教的な医療であったのだ。その後、長い歴史の中で、陰陽、五行、天人合一といった古代の自然哲学思想が、中国各地に自然発生的におこった医療技術と結び付いていった。例えば、中国北部では灸療法、西部では薬草療法、東部では石器で身体を押す砭石療法、南部では鍼療法、中部では導引（現在の気功）や按摩といった具合だ。発展の中で、知識を集約して体系化しようとする動きは自然であり、ある意味で集大成として編纂されたのが、漢の時代の黄帝内経、神農本草経、傷寒論の三大古典と言ってよいのかもしれない。その後、中国伝統医学は、朝鮮半島や日本など周辺地域へと伝えられていく。興味深いところでは、西遊記で有名な唐代の僧玄奘がインドの伝統医学アーユルヴェーダを学んだ記録も残っているなど、インド伝統医学と中国伝統医学の交流もあったとされる（文献33）。

日本への中国伝統医学の輸入は、諸説あるものの、六世紀ごろまでは朝鮮半島を通じたものであったとされる。七世紀以後、遣隋使や遣唐使の派遣により、中国との直接的な交流が活性化し、当時の最先端医学書であった「千金方」や「外台秘要方」などの書物とともに、伝統医学体系が輸入され日本に定着していった。その後、平安時代に入ると日本の独自の医学書ともいえる「医心方」が丹波康頼によって編纂される。日本で確認できる最古の医学書であり、医師の倫理・医学総論・各種疾患に対する療法・保健衛生・養生法・医療技術・医学思想・房中術などからなる全三〇巻の書物である。鎌倉時代以降、貴族社会の宮廷医から、最新の漢字を受容した学僧である僧医へと、医学の担い手が移行していった。室町時代後期には、曲直瀬道三が登場し、当時の中国医学を日本に導入して根付かせ、日本医学中興の祖と称されている。曲直瀬道三は、金元・明の医書に準拠する傾向があり、この曲直瀬流の医学を継承する一派を日本では後世方派（後世派）と呼ぶ。

このあたりから、日本では中国や朝鮮半島とは異なり、独自の医学の発展が見られていく。江戸時代に入ると、吉益東洞など、金元・明時代の書物ではなく、「傷寒論」を含む古典に重きをおく動きが登場する。この背景には、当時の思弁的傾向が強くなっていった医学に対し、より現実的な治療効果を重視するといった動きもあったようだ（文献34）。この古典に重きをおく流れを日本では古方派と呼び、現代に続く漢方医学の主流となっている。筆者は筑波大学台湾オフィスの所長（二〇一五年四月〜二〇一九年三月）として、台湾に在住している間に漢方を台湾の譚傑中氏から習ったが、基本的な内容はこの日本の古方派の流れにあたる内容であった。

東洋医学という言葉は、明治時代に入ってから用いられるようになった言葉である。当時は、日中の伝統医学のことを指したが、現在では西洋医学の枠には属さない東洋の伝統医学のことを指すようになっている。そのため、中国から伝来後、主に朝鮮半島独自の生薬に焦点をあてて独自の発達を遂げてきた韓医学、古来から引き続き清代・中華民国時代にも独自の発展を遂げてきた中国の伝統医学（中医学ということばは、中華民国時代に使用されるようになった）、アラブ・イスラームの伝統医学であるユナニ医学、インドのアーユルヴェーダ、そして、日本独自に発展した漢方医学といった諸医学も含まれる概念である。

漢方への科学的アプローチ

現在では、漢方への科学的なアプローチも盛んである。第3章でも述べるが、科学の基本は対象の定義を明確にすることから始まる。例えば、鍼治療や按摩などで作用点となる全身の経穴（ツボ）は、日中韓で異なる個所が多く存在したが、ＷＨＯ（世界保健機関）によって国際標準化がはかられ、二〇〇六年に統一された。また、平行して用語の標準化、医療情報の標準化、鍼灸研究法のガイドライン作りなど、多岐にわたる枠組みの標準化が進んでおり、それらを世界的な研究や臨床へ活用しようとしている。こういった動きは歓迎すべき動きではあるが、一方で、マニュアル化することにより形骸化し、失われる叡智が出てくることもあるだろう。第4章でも述べるが、個々の主体の多様性に根ざした叡智の発露が漢方の特徴の一つであり、元々は西洋医学を補完できる立ち位置として価値を持っていたと筆者は考えている。それゆえ、漢方医学の教育研究や臨床にあたっても、規格化・標準化を進める一方で、ただマニュアル化された処方として利用するのではなく、古くから存在した多様性を大切にしていくことも必要だと思われる。

生薬の研究においても、科学的アプローチは多くの成果を上げてきた。基本的な研究スタイルは、生薬に含まれる有効成分である化学物質を同定し、同定された化学物質について解剖的なアプローチ（第5章参照）で病気への効果を調べるのだ。例えば、二〇一五年にノーベル生理学・医学賞を受賞した中国人研究者の屠呦呦《とゆうゆう》は、中国で伝統的に使用されていた生薬を集め、そのなかの黄花蒿《おうかこう》（クソニンジン）の抽出物が動物内でマラリア原虫の活動を劇的に抑制することを発見した。その後、有効成分である青蒿素《チンハオスー》（化合物名アルテミシニン）を突きとめ、さらに青蒿素の化学構造を明らかにした。加えて、派生化学物質でありマラリアに効果のあるジヒドロアルテミシニンの人工合成に成功した。ジヒドロアルテミシニンは現在でも使用される抗マラリア薬である。

このような研究は現在世界中で実施されており、抗癌効果を持つ物質、炎症抑制効果を持つ物質、神経症に効果のある物質、抗生物質など、様々な物質の発見をもたらしている。本書では、生薬の組み合わせと症状の組み合わせを内在化させることが漢方の叡智を把握するのに大切であると説いた。この論旨に合わせると、特定の生薬の特定の化学成分に着目した研究は漢方の叡智を失うことに繋がる、と解釈できる。

筆者自身は、生薬の科学的な研究を否定するものではない。筆者が強調したいのは、科学的な研究を進めることで本来漢方が持っていた叡智が損なわれてしまう恐れがある、という点だけだ。別の言い方をすると、元々存在している漢方の叡智を保存できるのであれば、その後で科学的な研究を進め、物理的な根拠を持つ知見を蓄えていっても良いのである。第4章でも述べるが、科学的方法と「型」的方法には、それぞれが扱うのを得意とする叡智があり、互いに補完関係が成立する。このことを理解したうえで、科学的研究が益々進展していくことを期待している。

漢方と科学のクロストーク

近年では、科学で明らかになってきた最新の研究成果が、実は昔から漢方で語られてきたことと一致していた、といったことも明らかになりはじめている。

漢方の基本的な身体地図として、五行論に基づく五臓六腑の相関が挙げられる。五行の木・火・土・金・水には、それぞれ、肝・心・脾・肺・腎が当てられており、肝は心を助け、心は脾を助ける、肺は腎を助けるといった相生関係、反対に、腎は心を抑え、心は肺を抑えるといった相克関係があるとされる。つまり、臓器間の機能ネットワークがあるということだ。ここで、例えば、漢方においては血を全身の隅々まで循環させるのは心の推動の役割となっている。この役割は西洋医学で言えば心臓の拍動と腎臓における血圧調整ということになる。科学的には、この血圧の調整は、レニン・アンジオテンシン系と呼ばれ、肝臓・腎臓・肺が産生する一連の酵素やホルモンが段階的に作用することで、血圧が上昇したり下降したりすることが明らかとなっている。

このような、それぞれの臓器がそれ単独で働くのではなく、臓器間の繋がりの中で機能するということが、近年次々と明らかになってきた。言い換えれば、伝統的な五行で説明される臓腑の相関関係が、結果的に科学で明らかにされるようになってきたとも言えまいか（厳密な相生・相克関係で説明できるところまでには至っていないが）。

別の例では、近年着目されている腸内細菌と免疫力向上についての科学的知見が挙げられる。漢方においては、もともと五行論において大腸が肺・皮膚・鼻の機能と繋がっているという理論がある。肺・皮膚・鼻は病原体が感染する入口であり、腸内細菌を含む大腸の状態が免疫力向上と繋がりを持つというのも頷けるのではないか。筆者は、こういった例は、これからも多く発見されていくものと予想している。疾病へのアプローチの方法だけではなく、知見としても科学的な西洋医学と「型」的な伝統医学が、互いにヒントを与えられるような関係を築いていければよいのではないか。

第3章 科学的方法論と型的方法論

第1章と第2章では、武道と漢方の例を通じて、叡智の表現・伝達方法としての「型」の特徴を浮き彫りにしてきた。本章では、科学と「型」の方法論的な共通点と相違点について考察する。というのも、筆者が提示した「型」の特徴には、分析、伝達、保存、再現、要素、関係性、定義など、科学的方法の特徴にも含まれる概念が含まれているからである。そして、現代社会において科学的方法が最も確実で確からしい事物へのアプローチであり、表現・伝達方法であるとされているからだ。

型によるアプローチは科学的方法と比較したとき、どのような事物や叡智を扱うことに優位性があり、どの程度確かで普遍的な方法として位置づけることができるのだろうか。本章では、科学の特徴に照応させつつ、方法論としての「型」の特徴を浮き彫りにしたい。

1　科学とは何か

方法論としての科学

科学はScienceの訳語である。Scienceとは、Scientiaというラテン語が語源であり、「知を知る」とか「知識」という意味が相当する。長い西洋の歴史の中で、学問や研究といった意味や、それぞれ個別の学問分野を指し示す意味も付加されてきた。日本語を含む漢字圏における科学という言葉は、この学問分野という意味からの訳との説が有力だ。漢字圏ではScienceの訳語としてもう一つ、理学という訳語がある。理学の理は朱子学時代における「窮理」の理というのが一つの大きな解釈であり、窮理とは存在の形而上の道理・法則を明らかにするという意味なので（朱子学では形而下の働きは気の顕れとして説明される）、物理学といったいわゆる直接は知覚できない自然界の法則にチャレンジする学問分野が理学部にあるのは頷けるところである。

ここでのポイントは、Scienceという言葉は、もともと方法論としての概念を含まないということである。一方で、現在の常識からすると、科学とは知識・学問分野・法則といったことのほかに、分析的、論理的、客観的、再現的、因果的といった印象があるのではないかと思う。これらの印象は方法論に関係している。科学はその歴史的過程で、古代ギリシアの論理学・数学・自然学によって言語と理性によるアプローチが確立され、一七世紀の科学革命においてコペルニクス、ケプラー、ガリレイ、ニュートンと連なる観察と数学に基づく自然科学の発展があった（文献35・36）。加えて、その進歩の哲学的・論理学的側面と形而上学的態度を、イギリスの経験主義が帰納法として、大陸合理主義が演繹法として明確にした。そして、カント、ヘーゲル、マルクスと続くドイツ哲学の流れが理性の扱える範囲を明らかにしつつ、認識（観念論）および実体（唯物論）の両側面において、自然のみならず、人間と社会を科学的に解釈するアプローチとして確立させていった（文献37）。

こういった科学史・科学哲学、そして、そこで議論された方法論と、それに伴う存在論や認識論について本書では深入りしない。強調したい点は、科学が西洋の数千年の歴史の中で徐々に醸成されてきたものであり、我々の使用する科学という言葉には、知識という意味に加え、方法論としての意味が含まれていると捉える方が自然であるという点だ。

科学的方法論に含まれる事項

この方法論としての科学には、①論理的厳密性やテスト可能性・反証可能性に基づくことで、自然や社会、そして、その背後にある不可知であった因果関係や法則性を明らかにしたのち、その明らかとなった事実や真理を表現・伝達し共有するための基盤となる面と、②推論（演繹・帰納・アブダクション）（補章4参照）などに基づくことで、科学者自身が仮説を生み出し、科学的知識を更新、すなわち既存の論理的厳密性を崩すことで法則などを発展させ、より確からしい事実や真理に肉薄する創造的側面が含まれる。この部分は科学が表現・伝達できる叡智の質とも関係する。本章では、まず、論理的厳密性という観点で「型」との比較を論じ、創造性や叡智の質については次章で論じる。

2 科学的方法論の特徴①——対象の定義の不変性・一意性

科学は対象を明示することから始まる

科学的方法論において必要な手続は、「最初に対象を定義によって明示する」ということである。そして、この対象は記号や言葉によって表記されることで、初めて我々の扱うことができる範囲となる。

例えば、「では調べてください」といきなり言われても、返事は「何を調べればよいのですか？」となるだろうし、「リンゴ」を調べてくださいと答えても、「どのリンゴの何を調べればよいのですか？」と続いていくだろう。「過去一〇年の青森県産リンゴを対象に、青森県全体の降雨量が青森県産リンゴの出荷量に影響を与えるか否かを調べてください」と伝えることで、初めて「分かりました」となるだろう。ここでは、まず、「リンゴ」と対象が示されることで一歩前進しており、次の説明で「リンゴ」が過去一〇年の青森県産リンゴであり、決して今年収穫された長野県産リンゴではないという共通理解が得られる。また、「リンゴ」がバラ科リンゴ属の落葉高木樹の果実のことを指しており、食べられない模型や企業ロゴであったり、はたまた、イヌ科イヌ属に分類される哺乳類の一種（これは通常は犬と呼ばれるものだ）ではないという、会話する二者の間にある暗黙の共通理解が前提となっている。

つまり、この「リンゴ」という記号または言葉が指し示す対象があって、次にこの記号や言葉の定義を共有しているということが必要となる。この、定義による対象の明示と共有こそ科学的分析の一歩目であり、論理が成り立つ前提となる。その上で初めて「調査する」といった具体的行動や、「青森県全体の降雨量が青森県産リンゴの出荷量に影響を与えるか否か」という因果関係への言及が成立する。

対象の定義は変更されない

科学においては、いわゆる理系・文系の区別なく、ある事物を対象とした個別の研究の中で、いったん明示された対象の定義は変更されない、という前提がある。例えば、数学において変数Aが1と一度定義された場合、A=1はその証明体系の中では変更されない。例えば、方程式を解いて得られる解は、演算により初めて得られるのではなく、その前提となる様々な定義を我々が共有していることで成立する。中学校の初等数学において、「式１；y=3-x、式２；2x+5y=9を満たすときｘとｙを求めよ」と問があったとして、解は「x=2, y=1」と判明する。あたかも新たに「x=2, y=1」と定義されたかにみえるが、最初から「x=2, y=1」であって、わざわざ方程式を解いたことによって新たに定義されたものではない。加えて、この「x=2, y=1」という答えは、式１に使用されているｘとｙが、式２で使用されているｘとｙと同じであり、ｘとｙは共に十進法の数字を表す記号である、＋は加算を表す演算記号である、などなど、数式の前提となる様々な定義に基づいている。そして、そのことを我々が共有しているからこそ成立するのである。

近年発展が顕著な人工知能（ＡＩ）を含む情報科学ではどうだろうか。情報科学は、情報そのものをどのように扱うかという理論的側面と、実際の情報処理をどうするのかという手続き的な側面に分けることができる。ここでは、手続き的な側面について取り上げたい。プログラミングなどで使用するアルゴリズムは情報処理の手続きであり、論理式で表現される。実際にスクリプトを書くときには、それぞれの要素を論理式によって定義する。例えばA=int（整数）などといった形で定義する。この場合、Ａには-2，-1，0，1，2，3……、といったすべての整数を入れることができる。数学でA=1と決めてしまった場合に変更できないのとは、少し異なるように見える。アルゴリズムでは一通りの計算・手続きのあと、ループによって最初に戻るといったことを普通に行う。つまり、最初にA=intと定義し、その後、A=1を代入し、そして、それをもとにアルゴリズムを進めた後で２という結果が出てきた場合に、再度A=2を代入といったことができる。このため、初等数学の例と異なるではないかという印象が出てくるが、このA=2も最初に定義された概念範囲（Aは整数）という定義の範疇を超えていない。

一般的に、AIは、AI自身が学習することによって、自分自身を変えていき、より精度の高い判断ができるようになる、といったイメージがあるのではないだろうか。例えば、将棋や天気予報のAIにおいても、多くの過去のデータを学習することで、より勝負に強くなったり、予報の精度が上がるようになったりする、という感覚が読者の皆さんにもあるものと思う。AIを支える仕組みで有名なニューラルネットワークやディープラーニングも、一種のアルゴリズム体系であり、定義された範囲内では変数の中身を変えることができる。即ち、データ学習によって、アルゴリズム中の変数を、より精度の高い判断をもたらすよう更新していくことができる。このことが、AIをデータセットで教育してより正確な回答を導くということを可能にしている理由となる。

しかし、更新できるのは、この定義された範疇の中だけである。たとえば、アルゴリズム中でAが整数として定義されていれば、AIは自身のAに対して、小数、虚数、文字、といった整数以外の数値を代入することはできない（もちろん、最初から広い範囲の概念を扱えるようにしておけばよいが、それでも、最初に定義した概念の外に広がる概念を扱わせることはできない）。これは、AIを構成するアルゴリズムが一度決定すると、決定された判断以上のことができない、つまり、そのAIの能力で扱うことのできる範囲や上限が確定することを意味している。このため、ＡＩの能力を根本的に向上させるためには、アルゴリズムそのものを書き換えねばならないが、この能力を現在のＡＩは持ち合わせていない。例えば、将棋ＡＩであればアルゴリズム中の評価関数、一般的なニューラルネットワーク・ディープラーニングでも活性化関数、といったそのＡＩの判断や学習能力を決定する鍵となる関数が存在し、これを決めるのはプログラマーであってＡＩではない。定義はＡＩではなく人が行うのであり、また、一旦定義されたものは変更できない。

この数式や論理式における定義の不変性は、数学や情報科学のみならず、物理学、化学、生物学、経済学など学問分野によらない。そして、数式や論理式だけでなく、一般的に科学で用いられる様々な論理もこの前提に縛られている。一度定義した概念は基本的には覆らないことを前提として、科学的知見の表現、そして表現された叡智の共有が成立しているのだ。一方で、新たな発見がこれまでの概念を覆し、事物の定義を更新してきたのが科学の歴史ではないか、という指摘はもっともであり、我々科学者も日々実感している部分である。これは、科学には「理論や前提は実証されねばならず、その実証結果が理論や前提を支持しない場合には、新たな理論や前提が唱えられる」というプロセス自身が科学の価値として認められているからである。

この科学の実証性は、科学を宗教や疑似科学と区別する大切な部分であり、後に改めて取り上げる。本節で取り上げたのは、その前段階において、科学者が「対象に対して、理論や前提を新たに唱え

（または、既存の理論や前提を適用し）、それを実証し、実証した知を他の人の合意のもとに共有する」というプロセスにおける定義の不変性である。このプロセスは、「アブダクション（仮説形成）～演繹～実証による帰納」という推論として示された部分と、「記号や言葉そのものと、記号や言葉で表現された対象、との一意的な繋がりの更新」という記号論的な部分を含む。これについても後で触れる。

これに対して、「型」では「各要素の定義は変化する」ということは前に触れた通りだ。第1章で取り上げた「学習者の修行の深さに応じて、身体各部の範囲や役割が変化する」という部分、第2章で取り上げた「各生薬の役割が、それぞれの方剤で異なる」といった部分に対応する。この定義の可変性は、「関係性・因果関係」と密接に関わるので、次節にて詳しく論じる。

3 科学的方法論の特徴②——要素間の関係性・因果関係

要素間の関係性と因果関係

前節で述べたように、対象の定義が不変すなわち一意的であり、これを共有している前提があって、「青森県全体の降雨量が青森県産リンゴの出荷量に影響を与えるか否か」といった因果関係への科学的なアプローチが可能となる。一般的には、因果関係を表す法則や、因果関係を生み出す本体となる対象を明らかにし、起こった事象を再現できることが科学の強みである。反対に、因果関係を論じることができなければ、そこに科学の強みは生まれない。そして、この因果関係を論じるということは、対象となる何らかの事物が複数あり、その関係性を論じることができなければ成立しないということでもある。

数式や論理式では、例えばその関係を$A=B+C$と表すことができる。この場合、AというものはBとCを加算した結果という複数要素の関係性として解釈できる。そして、Aは$B+C$と同値（等価）であるという関係性に加え、Aは$B+C$によって成立するといった因果関係としても解釈可能である。むしろ、この因果関係の法則性を導くことができるということが、科学的方法論が力をもった大きな理由の一つである。ニュートンの運動方程式（$F=ma=md^2r/dt^2mv$）やアインシュタインの特殊相対性理論で有名な式（$e=mc^2$）なども、力やエネルギーと質量や速度に関して左辺と右辺が等価関係にあるという関係性として理解することもできるし、右辺のコトの結果として左辺の力やエネルギーが生まれるといった因果関係とも解釈できる。このような数式は、それを構成する各要素の定義が一意的に決まっており、また、実証実験によって検証されているので、直接知覚できる世界の背後にある法則を記述している点で、科学がもたらした叡智の代表格となっている。

もちろん、これらの叡智も前提となる仮定があって成立したものであり、その前提が破られる状況下では成立しない。例えば、ニュートンの運動方程式は、「時間と空間はそこにある物体の存在や運動に何ら影響を与えない」、「これを成立させる絶対静止系の慣性系が存在する」という前提に立っているが、アインシュタインが「すべての慣性座標系は等価である」という相対性原理と「真空における光の速度はどの慣性座標系でも同一である」という光速度不変の原理を前提として導入した結果、「観測者がいる慣性系によって物差しの長さや時間の進み方は異なる」という結果となり、ニュートンの運動方程式の前提が成立しないことになった。現在の観測結果では、アインシュタインの前提が正しいとされるが、それでも現実的にはニュートンの運動方程式を適用することによって成立する事象が我々の日常では殆どである。これは、アインシュタインの前提を導入しても、その誤差が現実的に意味や違いを生まないためだ。

　このように、その理論の根拠となる前提が破られることで、科学的叡智が更新されるが、一方でその使用される要素の定義に変更は生まれにくい。上記の$F= md^2r/dt^2mv$と$e=mc^2$では、それらを成立させる前提自体は異なるものの、その式内で使用される記号自体の定義に相違はない。例えばニュートン運動方程式においてmと示されているものは、$e=mc^2$でも同じ質量であり、その点における定義の変更はない。

生命科学にみる要素間の関係性

数式や論理式を用いることが少ない分野ではどうだろうか。生命科学ではこの傾向が顕著で、各論文では実験データから導かれる結果について、数式も論理式も用いずに主張が展開されることが多い。このとき、実験データによっては、その実験対象としている事物の定義がしばしば変化する。例えば、第二次世界大戦前はタンパク質が遺伝子の実体となる物質と考えられていた時代があったが、ジェームズ・ワトソンとフランシス・クリックによるDNA二重螺旋構造解明とDNAの半保存的複製モデルに象徴される一連の実験成果により、現在ではDNAこそが遺伝子の実体となる物質であるということを大部分の研究者は信じるようになった。ここでは、「タンパク質は遺伝を担う物質である」から「タンパク質は遺伝を担う物質ではない」のように、要素である「タンパク質」の定義が変化している。

また、それまでの定義に加え、新たな定義が加えられるということもしばしば起きる。例えば、RNAは発見当初は、DNAからRNA、RNAからタンパク質という遺伝情報の流れ（セントラルドグマ）の中で、情報の媒介する転写産物という位置づけであったが、のちにRNAにもタンパク質のような酵素や転写翻訳制御する機能があることが実験的に証明されてからは、RNAはセントラルドグマ中のただの転写産物ではなくなった。また、「あるタンパク質Aが卵からの発生のある段階ではDNAに結合して転写を制御しているので転写因子と定義」されていたが、「別の発生の段階では別個のタンパク質Bと結合して転写制御の機能を失う」ことが後から分かり、「転写因子という定義は発生のある段階に限られた機能である」といった、実証に伴う関係性変化、といった定義の更新も日常茶飯事である。

このような要素の定義や要素間関係性の追加・更新・修正という活動が、生命科学における日常的な活動の核心となっている。そして、この日常的な科学活動と経験の蓄積による、定義の更新自体が、実験や観察を基盤とする科学の長所である。二〇一八年に、本庶佑氏がガンの免疫療法に関するノーベル生理学・医学賞を受賞したが、開発された薬は特定のがんの特定の患者にしか効果がない。開発された当初は、もっと広い範囲のがん患者に有効と期待されていたに違いないが、開発された薬の効果は限定的である。だからといって、この開発された薬に価値がないわけではなく、むしろ、効果がない患者がいるという事実が次の研究開発を導く基盤的知見となっている。将来的に、より広い範囲の患者に有効な薬が開発されることを期待するのは自然なことであろう。最新の知見のみが叡智なのではなく、経験を積み重ねる更新活動自体が生命科学の叡智といえる。

もちろん、現在でも、科学には数学~物理~化学~生物学（生命科学）というヒエラルキーが残っており、生命現象のモデル化では、最終的には実験結果や現象を数式や論理式にて表現することで一般化するという試みも続けられている。例えば、卵からの発生の際に起こる遺伝子発現のパターンや、魚の表面の模様パターンの形成が数式として表現され一定の成果を上げてきた。しかし、生命科学の日常の活動では、新たな事物の発見による定義の更新ということが日々起こっており、これらの数式表現がすぐに不十分となる。もちろん、数式の改良といった試みはそのたびに繰り返し行われているが、それでも十分とは言えない。理由は単純で、実験や観察は一定の環境条件で実施されるものであり、そこから導かれる（または、そこで検証される）数式というものは、その環境条件下でしか成り立たないものだからである。加えて、数式や論理式が要求する定義の厳密性は、特定の環境条件と要素の働きをすべて記述するものを要求するが、現実的には不可能である。物理学の法則は、常に要素の数が少数に限定され、特殊な理想環境を想定しているから成立するのである。ゲノムプロジェクト完了以降、一般的には生命を構成する物理的要素は分かったという認識が広まっているが、それでも毎日のように新たな構成要素や、既知の構成要素の新たな役割が報告されている。

一方で、ＡＩを含むアルゴリズムでは、定義された範囲では、事物間の関係を上書きすることができる。もちろん、この場合にも最初に定義した要素概念以上のことを表現することはできないが、様々な環境条件下でのデータをインプットしてＡＩを「教育」することで、環境条件をも考慮した結果を導くことができる。構成要素の追加も可能で、追加してＡＩの教育を行えばその追加要素を含んだ形での処理が可能である。もちろん、上記同様に、要素については最初に定義した概念の範囲内しか扱えないので限界があることも確かだが、数式・論理式よりもＡＩの方が、生命現象を記述するのには適していると思われる。このあたりの生命科学の方法論や活動については第5章および補章5で詳しく触れる。

さて、このように科学における要素の定義、および、要素間関係性について概観すると、科学、特に実験や観察により経験を積み上げていく生命科学のような分野では、要素の定義と、要素間関係性が必ずしも不変でないことが分かる。ただし、強調したい点は、この変化自体は、一つの論文や一つのモデルといったある時点の体系内での変化ではなく、実証によって後日起きる変化であるということだ。どのような科学においても、ある時点での体系内で示される要素の定義や要素間の関係性は常に一意的で不変である。

4 型的方法論の特徴

要素の定義可変性

「型」では、ある時点の同じ体系の中においてでさえ、構成要素の定義や要素間関係性は変化する。例えば、武道の型における中指の働きを考えてみる。こういった部分の働きは、上記第1章で述べたように、型が要求する身体全体の運動の中に位置付けられる。このことは、一つの「型」の中での中指の働きが、同じ型の別のパートや、同じ流派の別の「型」では異なってもよいということだ。例えば、空手において、同じ「型」のある部分で中指は相手へ突きを入れる具体的部位として働き、異なる部分では全身の重心や気のコントロールセンターとして働いたりする。つまり、ある時は物理的な作用点、ある時はコントロールセンターと、同じ「型」の中においても、それぞれの部位がその時々でまったく異なる機能を担うのだ。加えて、同じ「型」の同じ動作個所においてでさえ、その中指を指す範囲が、中指の第三関節から先端まで含むこともあれば、先端の一点のみになる場合もある。それは、型全体の中で必要とされる中指という部位の示す範囲が、その「型」の学習者の修行の深さによって異なってくるからだ。要素の示す範囲、即ち要素の定義自体が可変的である、ということだ。

漢方における生薬の働きについても、第2章で触れたように、一つの「証-方剤」の中での特定の生薬の役割が、同じ一冊の中の別の「証-方剤」関係性と同じとは限らない。一方で、漢方においては、一つの生薬は他の方剤の中でも同じ生薬を指す。例えば、桂枝湯に含まれる桂枝と、当帰四逆湯に含まれる桂枝は、同じものである。つまり、漢方においては武道とは異なり、各生薬が示すモノ自体の定義は変わらず、その役割が変化するのである。いずれにせよ、武道と漢方ともに、この役割の変化は、他の要素との関係性の変化、ということが同時に起きる。このように、「型」の中において、構成要素の定義は変化する。

要素間関係性の非一意性

構成要素の役割の変化を許容するということは、すなわち、要素間の法則性を求める必要がない、または、要素間の関係性を一意的に論じることができない、と捉えることができる。武道の「型」でも触れたように、そもそも、要素間の関係性を論じてしまうと「型」は台無しになる。もちろん、ある程度の範囲で関係性を論じても大丈夫だが、本質的には論じる必要がない。漢方でも同様で、だからこそ「証－方剤」という関係のみが残り、そこに至る個別要素の理屈は論じられていないのである。さらに言ってしまうと、「型」の中では、そもそも構成要素を特定する必要がない。上記で中指の働きについて触れたが、「型」の中ではそもそも「中指が」といった部分への着目が逆効果になることが多々ある。特定の部分に着目することで気持ちの執着が起こり、全体の中での部分という感覚がなくなり、期待された働きが実現できなくなるからである。すべての部分は「型」全体の中で働くのであって、そこでは「どこからどこまでが特定の部分か」という分析的な意識は低い。

ここまでで、要素の定義と要素間関係性について、科学では一意性という前提があること、それが「型」では可変的であり、それゆえに要素や関係へ言及する意義が薄いことを説明してきた。このことは、「型」に含まれる内容が一意的でない事物を表現・伝達するのに適していることを示しているとともに、科学と「型」では、扱う叡智の質が異なることを含意している。この叡智の質は、表現される叡智の理解・把握および活用方法と、それゆえに生じる叡智の伝達・活用の時間ベクトルの違いにあると筆者は考えており、次章において詳しく論じる。その前に、次節では、一意性がない「型」における、叡智の合意と共有、客観性と主観性の問題を取り上げる。

5 主観性と客観性（合意と共有）

哲学・論理学にみる主観性と客観性

自己や集団といった主体から独立した客観的な事物が存在するか否か、という議論はそのまま哲学が積み重ねてきた議論であると言っても過言ではないだろう。その中では、観念論／実在論、唯物論／唯心論、経験論／合理論といった一見相反する立場があったり、または、それらを折衷したり対立する両方の立場を受け入れたりと、様々な立場から議論されており、これが唯一の真理であるという決着はついていない。筆者は、その個人がどのような立場に立つかが問題なのであって、どの立場においてもその立場からみた真理が含まれているように思う。

一方で、我々自身が何かの事物にアプローチし、得られた叡智を伝達共有するという立場にある時、この伝達共有のプロセスそのものが、客観性というものが個々人から独立して成立しているのではなく、伝達者と被伝達者との間での合意、すなわち人々の合意の上に成立していることを明確にしている。つまり、合意と共有を前提とした客観性は、主体から独立した純粋な客観性ではなく、最大化された共同主観が客観として成立するということだ。最大化された共同主観は、個人や集団といった主体の多様な意の集合体であると同時に、その集合体の中で一意的に合意と共有が成立している点で、個の主観とは意味を異にする。

数式・論理式・アルゴリズム・AIは、あらかじめその体系の中で使用する記号の定義を一意的に設定しさえすれば、あとはその定義に従ったプロセスを展開するだけなので、誰でも議論を進めることができる。この場合の「誰でも」とは、人でなくコンピューターでもよい。つまり、記号の定義さえ一意的であれば、個人の意を介さずに展開していくという意味で「客観的」であると言える。言葉を使った論理においても、使用される言葉が一意的でありさえすれば、客観的な記述展開が可能だが、実際にそれぞれの言葉を掘り下げた場合に、しばしば複数の意味を含むことがあり、このことが、たとえ論理的といわれる内容であったとしても客観的でない、という状況を生み出す。

また、実験や観察で示されるデータは、一般的には客観的だと思われがちだが、必ずしもそうではない。というのも、画像や映像のデータなどは、現象そのものを提示しているものの、その画像や映像の解析には最終的な人の解釈という行為が入るからだ。言語にしても、データにしても、それを解釈するという行為が含まれる場合、そこには必ず人の意思が含まれる。それでも、科学においては個人の主観的な解釈ではなく、専門家集団が認めた解釈でなければ論文として受理されないので、少なくとも、ある専門家集団の共同主観的な客観性は成立する。さらに言えば「別の専門家集団には受理されない」といったことも頻繁にあるので、この共同主観的な合意が、必ずしも人類全体の合意に基づく共同主観ということにはならない。

解釈という言葉を理解という言葉に置き換えてもよく、個人や集団による主体的な理解が挟まれると、やはり共同主観による合意の共有という状況となる。もちろん、解釈や理解自体をAIなど人以外に任せるということも可能だが、その場合、だからこそAIが示した結果を導く過程が人には理解できなくなる、ということが起こる。科学においても、人による客観的な理解は、その合意と共有を前提とする限り、共同主観の延長である。

「型」の叡智が示す共同主観性

さて、「型」ではどうだろうか。漢方の「型」では、例えば傷寒論に書かれた文言は歴史の中で若干の変化はあるが、ある特定の版については、万人が見ても同じことが書かれている。誰かに模写させても、コンピューターに再現させても、同じ文章の一冊が再現される。この点では客観性をもつ。武道や伝統芸能の「型」にしろ、演じる人によって、その人の体格ゆえに、細部の動作に若干の違いは生まれるものの、決められた動作は万人に共通である。つまり、一つの「型」はその「型」以外の何物でもないわけで、その存在自体は人がいようがいまいが成立している。では、どこに合意と共有による相違、すなわち、主観性が表れてくるかというと、それは「型」に含まれる叡智の「把握」、科学で言えば示されたモデルや数式などの解釈と理解の部分である。

武道の「型」の叡智の把握は、それを学習する人の身体骨格、身体の癖、修行の深さなど、その時その時の学習者の状態に依拠する。同じ人間が同じ型を初心から学習したとして、小学生の時に得られる叡智と、青年期に得られる叡智と、老年期に得られる叡智では、異なることが多いのだ。能といった伝統芸能においても、世阿弥が年齢に応じた稽古の在り方や年齢による「時分の花」について強調している（文献38）。漢方においても、初心から傷寒論一冊だけを学習する人と、傷寒論とともに他の理論や事典を平行して学習する人では、その叡智の把握の在り方が異なる。事前の学習内容や、並行して学習する内容によっても叡智の把握が異なり、文面にない症状に対応する際の方剤の調合が異なってくる。また、その学習者の生活地域が、中国北部なのか、中国南部なのか、日本なのか、アメリカなのか、といった違いによっても、異なるはずである。漢方の歴史の中で、中国、韓国、日本といった各地域が、三大古典を共有しながらも、別々の体系が構築されていったことも、その証左と言える（補章2参照）。

このように、「型」によって表現された叡智の共有と合意は、その個人や社会といった主体のレベルで発揮されることが多く、より主観に近い共同主観となる。このことは、「型」が要素への分解と定義、そして、要素間の関係性への言及を要求しない、すなわち、記号や言葉を用いた一意的な説明を要求しないといった点からも自然に生じることだ（記号と型については第5章で詳しく述べる）。客観性または人全体が持ちうる共同主観性を発揮させるためには、少なくとも人から離れても成立する規則、または、より多くの人が共有できる記号や言葉といった規則が必要となる。そのためには、対象の特定と定義が必要になるが、これを要求しないのだから、そもそも成り立ちようがない。武道の型体系が達人によって書き換えられて新たな流派が生まれてきた歴史は、「型」の叡智把握の個人依存性を象徴しているし、漢方でも漢方医によって違った処方がなされるということがそれを象徴している。「型」は理解における客観化を目指したプロセスを放棄し、その叡智の把握を個人や集団といった主体に依拠しているのだ。

この意味において、「型」の作成者が一つの「型」に一つの叡智を込めたとしても、その「型」を共有する個人や集団において、叡智は必ずしも一意的には把握されない。つまり、叡智への一意的な合意が必ずしも起こらない場合があるということだ。これは、科学において、数式、論理式、アルゴリズムやＡＩにおいて、条件が同じなら必ず同じ結果が求められる、という一意的で再現的な結果が得られるのとは異なる。また、実験や観察結果の集団的な合意とも異なる。同じ道場において、同じ型を同じ師範から教わった場合においても、叡智の把握は人それぞれであるのだ。

このように、「型」そのものは客体化され一意的で再現的だが、「型」の叡智の把握そのものはあくまで主観的である。科学の叡智が、専門家集団の認めた一定の理解に沿うこととは対極的である。人の解釈も含めた共同主観的一意性を目指す科学の方法論とは、目指す方向が違うのである。

6 反証性、反駁性、テスト可能性

「型」と疑似「型」の境界線

「型」による叡智の把握が、人それぞれであるのなら、そもそも「型」など必要ないのではないか、という疑問は尤もだ。だからこそ、「型」を教える側の導きが必要になってくる面がある。「型」の叡智を把握した師範が「型」の叡智からなるべく外れないように弟子を導く必要性である。しかし、この導きは、宗教的なドグマ（教説）を強制したり、占い結果を信じ込ませたりするのとは異なる。このことは、科学か疑似科学かの境界線はどこにあるのか、という問題とも関係する（科学と疑似科学については補章3にて補う）。

科学哲学者であるカール・R・ポパーは、科学を成立させるのは、論理的な厳密性や再現性にあるのではなく、その体系が示す理論や仮説が「反証・反駁・テスト可能か」にある、ということを提案した（文献39・40）。つまり、その論理や仮説が示された系（実験や観察を含む）ではなく、独立した別の系において理論や仮説をテストし、理論や仮説の正しさが示されるか、または、反証されうるか、ということである。反証された場合には、既存の理論や仮説が反駁され、新たな理論や仮説が成立していく。この過程を満たすことができるものが科学であり、満たすことのできないものが疑似科学である、というのがポパーの主張である。例えば、前に取り上げた「遺伝子の実体はタンパク質である」という理論は、一連の実験と観察結果により反証・反駁され「遺伝子の実体はＤＮＡである」という新たな理論が成立している。

一方で、宗教においては、たとえ教説と一見矛盾する事実が現れたとしても、その宗教の教説に合わせる形で解釈を行うことで、新たな事実を既存の教説が包含する。占いが当たったとしても外れたとしても、その理由そのものはその占い体系のなかで説明される。このように、疑似科学では、それらが示す理論（教説であったり占いであったり）が、外部から反駁できないような体系となっている。

他方、「型」は、その「型」や型体系が上質な叡智を表現している場合、学習者がその叡智を把握する過程では反証・反駁・テストが不能であり、一旦叡智を把握した後に初めて反証・反駁・テスト可能となる体系だ。つまり、宗教と異なり、反証・反駁・テストは限定的ながら可能であり、これらが不可能となった場合、それは「型」とは呼べないだろう。

第５章で詳しく論じるが、「型」に含まれる叡智は、学習者にとって当初は未知であり、学習過程で内在化することで把握できるものである。これは、型体系においては、言葉によって叡智そのものと、叡智へたどり着く過程が表現されない、ということが理由だ。科学では言葉または記号を用いて、一意的に学習を積み重ねていくことで、その叡智を理解できるのに対し、型では一意的な要素と要素間の関係性に言及しないため、学習過程において、叡智習得へのポイントを言葉で表現することが困難なのだ。

このことは同時に、そもそも「型」が含む叡智そのものに言及することが難しい、ということでもある。叡智そのものを言葉にするために、武道においては武士たちが多くの歌や伝書を残しているが、それらは個別の型に含まれている叡智を直接的に表現したものではない。主に、その武道一般を学習するための心身の在り方であったり、学習の後で見えてくる世の中の見え方だったり、宗教的な心身の在り方との関係であったりする。技術的なことについても、例えば「振り下ろす太刀の下こそ地獄なれ、ただ踏み込めよ先は極楽（作者は宮本武蔵または柳生石舟斎と伝えられている）」といった形で残されているが、これにしても個別の型の叡智を直接伝えるものではない。個別の型の個別の技術について伝える伝書があったとしても、それは、型の叡智を把握した者が読んで初めて意味を理解できるような類のものである（武道の伝書については補章１にて補った）。話を戻すと、「型」の学習においては、その「型」が含む叡智は学習者にとって未知なのであって、それを把握するまでは、そもそも反証・反駁・テストは不可能なのである。

「型」の更新可能性

一旦「型」に含まれる叡智を把握した場合、その叡智を表現・伝達するために、その「型」と体系を評価し検証することは可能である。達人にとっては、より適した「型」への改善も可能であろうし、別の型により把握しやすいように叡智が含まれているといった理由で、型を取捨選択することも可能だろう。実際に、伝統芸能の流祖や継承者自身が創造時の改変を強調し、同時に、「型」の固着化と形骸化に警鐘を鳴らしている（文献41・42）。加えて、達人においては、その型体系で習得した叡知を全く異なる体系へ活用し、その別の系において評価を受けるといった例もある。

柳生新陰流の剣術家である柳生宗矩は、江戸時代初期に徳川将軍家の指南役として活躍した剣豪兼政治家だが、彼の著した兵法家伝書（文献43）は、剣術で学んだ対敵技術の叡智が、一般的な人間関係や治国へ適用できることを強調した一冊である。実際に、徳川家三代将軍家光など様々な人達が、柳生新陰流を通じて修身を学んでいることは、全く異なる体系において剣術で習得した叡智が経験的に有用であることの証左であろう。

しかし、達人に到達していない一般の学習者や師範にとって、「型」の叡知についての検証と評価は大変困難なものであろうし、それゆえに「型」を変更してはならない、という態度は教条的ではあるが、叡智が失われるリスクを低くするだろう。この、達人といった特定の人にしか反証・反駁・テストできない、という状況は、「型」が科学よりも疑似科学に近いことを示しているが、それでも、

	型	科学
分析性	必要なし	必要
論理性	必要なし	必要
再現性	必要	必要
関係性・法則性	必要なし	必要
構成要素の定義変化	認める	数式・論理式では認めない データの解釈では認める
客観性	「型」自体の成立は客観的、 「型」の把握は主観的	数式論理式とデータは客観的、 データの解釈は共同主観的
反証・反駁・テスト可能性	特定の人のみ可能	可能

表3－1●型と科学の方法論的特徴

「型」は少数の達人といった特定の人の間では、共同主観的な共通合意が成立し、また、反証・反駁・テストできるという点で、疑似科学とは異なり、限定的ながら科学的な一般性をもつと思われる。

上記では、「型」が上質な叡智を表現している場合を想定したが、そもそも叡智が含まれていない「型」、すなわち形骸化した「型」や型体系も存在する。その場合、いくらその「型」を学習したところで、何も叡智は把握できない。こういった場合、叡智を体現している達人からすると、「型」に叡智が含まれていないことを自身の心身を用いて実証し、その型を棄却することが可能だ。達人に至っていない者には難しい面もあるが、世代を重ねても残されるという「型」については、その型に多くの叡智が含まれている可能性が高い。つまり、歴史の中で消えていった型は、各世代の積み重ねの中で叡智が含まれていない、もしくは世代を超え成熟した叡智を内包するに至らなかった、と判断される場合が多いということだ。傷寒論が二〇〇〇年以上経った今でも、古典として世界中の多くの漢方医（中国医学や韓医学を含む）が大切にするのも、傷寒論に含まれる叡智が有用という証左であろう。

本章の最後に、「型」と科学の方法論的特徴をまとめる（表3-1）。次章では、この方法論的特徴に基づき、「型」と科学のそれぞれにおいて、叡智がどのように取り扱われているかを明確にし、「型」と科学はどのように互いを補完する方法論として成立するかを議論する。

補章3……………科学と非科学・疑似科学

科学と疑似科学の「線引き問題」

科学的であることが普遍的である、という認識が広まっていった近代以降、科学と非科学・疑似科学の区別をどのようにつけるかという「線引き問題」が科学哲学分野で議論されてきた。科学の方法論的側面に焦点を当てると、有名なところでは、第3章でも取り上げたカール・R・ポパーが経験的知識を扱う科学に対して「反証・反駁・テスト可能性」が成立するものが科学である、という線引きを行った。しかし、後付け的に仮説と観察のつじつま合わせをする、という科学者の日常的行為への気づきに端を発し、「デュエム＝クワインテーゼ」に代表される「過小決定問題（どんな仮説でもどんな観察からも支持される）」や「決定実験の不可能性（二つの仮説が対立しているときに、観察のみによって両者の一方を排除することはできない）」が提出されるなど方法論的区別の限界が指摘され、さらに、ラリー・ラウダンが、一九八三年に「線引き問題の逝去」という論文のなかで、科学の必要十分条件を与えるなど不可能であり、科学と疑似科学の間の線引きなどできないことを論じるに至って、徐々に「線引き問題」は廃れていった。

このあたりの歴史については、伊勢田哲治氏の『疑似科学と科学の哲学』（文献44）に詳しく述べられている。ちなみに、方法論としての科学の「線引き問題」について、伊勢田は同書の中で推定統計（特にベイズ主義）を導入して程度の問題として扱うのがよいのではないかと提案している。同書は、進化論と創造科学（聖書の創造論）、占星術と天文学、科学的医療と代替医療、超心理学（超能力）など、様々な事例を取り上げながら、科学と疑似科学の「線引き問題」を取り扱った科学哲学の入門書ともいえる良書である。興味のある読者はご一読いただきたい。また、第2章や補章2で扱った、伝統医学を含む代替医療の問題については、『代替医療のトリック』（文献45）が中立的そして科学的な視線で切り込んだ良書であるので、こちらも一読してはいかがだろうか。

ホーリズム（全体論）と科学

科学的方法論に対するアンチテーゼの大きな潮流として、ホーリズム（全体論）が挙げられる。科学の機械的な要素還元主義に対するアンチテーゼである。伝統医学の心身合一的な身体の地図や、生気論（宇宙には生命には存在し非生命には存在しない特別なエネルギーがあり万物の根源に繋がるといった考え方）といったものもホーリズムの表出と捉えられる。一九七〇〜八〇年代の「ニュー・エイジ・サイエンス」の潮流における『タオ自然学（文献46）』では、ホーリズム的な東洋思想と現代物理学の理論や概念が相似していることが指摘され、部分から全体への転換が主張されている。同様に『ホロン革命（文献47）』ではホロン（全体子）と名付けた要素集合体を提案する。各ホロンは、別々のホロンから構成される全体ヒエラルキーの中で要素として働き、かつ、個別のホロン自体が一つの機能単位でもある、という全体と部分が入れ子になった見方である。このような、科学にホーリズムを導入しようとする試みが、ニュー・エイジ・サイエンスの一つの特徴でもあった。本書で論じている「型」もホーリズム的ともいえる。一方で、科学的な要素還元を否定している方法論という意味では、ニュー・エイジ・サイエンスとは異なるし、そもそも、「型」的方法論はサイエンス（科学）ではない、というのが筆者の主張だ。

科学を被る

「ソーカル事件」と呼ばれる出来事がある。一九九五年ニューヨーク大学の物理学教授だったアラン・ソーカルが、ポストモダン思想家の文体をまねて科学用語と数式をちりばめた論文「境界を侵犯すること――量子重力の変換解釈学に向けて」と題する論文をポストモダン思想専門の学術誌に送ったところ、そのまま一九九六年に受理・掲載されてしまった。掲載後、ソーカル本人が論文の内容がでたらめであったことを暴露し、一部のポストモダン・ポスト構造主義思想の思想家が、単に権威づけのために数学や科学の用語を用いていると批判したのである。もちろん、そもそもソーカル本人は科学者であるのに、そのような欺瞞を働いてよいのか、というソーカル本人に対する倫理的な批判は多く集まったが、ソーカル側の本意は一九九八年に発表された『「知」の欺瞞』という著書のなかに記されている（文献48）。「われわれは、哲学、人文科学、あるいは社会科学一般を攻撃しようとしているのではない。それとは正反対で、われわれは、これらの分野がきわめて重要と感じており、明らかに事実無根のフィクションと分かるものについて、この分野に携わる人々（特に学生諸君）に警告を発したいのだ（文献48）」と述べている。著書の中では、様々なフランスの構造主義、ポスト構造主義、ポストモダン思想の研究者による科学的用語の使用状況に言及し、その誤謬を暴き出している。わざわざ関係のない科学の分野から用語を引っ張り出してきて、科学を装って自身の主張に権威づけする必要はないのではないか。そんなことをせずに、それぞれの分野で課題となっているテーマに、それぞれの分野で深められている方法で真摯に取り組めばよいのではないか、というのがソーカルによる批判である。

この批判を完全に覆すことのできるような反論は今もって現れていない、というのが現状だ。一方で、筆者自身は、他分野に魅力的な方法や概念があるのであれば、それを自身の分野の中で新たに定義付けて使用し、新たな事物の見方を導入するのは大いに結構なことだと思っている。問題となるのは、その導入が知の発展ではなく、ソーカルの主張するようにただの権威付けのために行っている場合であろう。

科学に代わる方法論の条件

序章でも触れたように、科学的方法を乗り越えようとする試み、あるいは利用しようとする試みは、歴史的に多く現れては消えていった。筆者は、消えていった理由の本質は、提案されてきた方法論が、科学的方法論のような普遍性を持たず、かつ、様々な事項へ容易に活用できる方法論ではなかったからだと考えている。それ故に、非科学・疑似科学では、その方法論や生み出された叡智の普遍性を検証するのに、結局は科学的方法論に頼るということが繰り返されてきた。いわば、本末転倒しているような状況であったわけだ。

生物科学者である柴谷篤弘氏は、これまでの科学的方法の代案となる知識・行動体系の条件として、以下を挙げている（文献49、一一三頁）。

1. 対象を要素に分解したうえで、要素ごとの性質をこまかくせんさくすることがない。
2. 対象全体の性質を、部分の完全な理解を介せずに、つかんでいこうとする。
3. 対象への接近について、客観的であろうとしない。むしろ自分の感じかたに忠実であろうとする。
4. 結果としては、対象に対するある種の実践的理解に到達し、実用的な予言の能力をもつ。
5. 対象の理解能力を身につけるには、長い時間の訓練と練磨を要するものであって差し支えないが、教育による個人間の伝達の可能なものであることが望ましい。

そして、直後に、「このようなものが、はたして科学の名に値するかどうかは、いまにわかに答えがたい」と述べており、また、柴谷自身はその代案となる方法論を明確には提出できなかった。

ここで本書の第3章で述べ、そして第4章でこれから論じる「型」の特徴を振り返ってみると、この柴谷が挙げた条件と見事に一致することが分かる。さらに、追加するのであれば、「型」は普遍的な方法であるというのが筆者の主張であり、「型」がこれまでの科学的方法ではアプローチが難しかった事物に対する代案となり得る方法であり、それは、既存の学術体系の中に包括されるものだと考えている。

二項対立を超えて

本書で見てきた「型」的方法論は科学ではない。だからと言って、非科学とか疑似科学と呼ばれるのも不本意である。なぜなら、非科学とか疑似科学といった見方は、科学を中心に据えたものの見方だからだ。現状ではそれも致し方ない面もある。科学が万人に共通で普遍的な事物へのアプローチを提供し、そのアプローチにより事物へ介入したり予測したりすることを可能にしているからだ。

科学との対立項の代表格としてしばしば挙げられる宗教は、その宗教を信仰する人々にとって、自然や人といった存在の真実を教えのなかに見出すことができ、また、事物へのアプローチをその教えのなかに求めることができる。本人にとっては普遍的なのだ。一方で、その宗教に帰依していない人々や、別の宗教を信じる人々にとって、語られる内容や事物へのアプローチは必ずしも真実でもなく普遍的でもない。つまり、宗教は万人に共通で普遍的なアプローチとは言えないのだ。加えて、第3章でも触れたように、宗教は、それを信仰する人々がその教義を内面化するという行為を通じて、真実や事物へのアプローチをそれぞれの宗教の中の論理によって正当化するため、反証・反駁・テストが不可能なのである。

他方で、科学の信奉者も同様の状況に陥っているのではないか、という懸念を筆者は持っている。科学的でなければならない、科学以外は信用できない、と断定する行為は、科学の枠外からの検証を否定している点において、非科学的であるといえるだろう。

本書は、「型」的アプローチを、科学的方法を補完する方法論であると位置づけ、科学の外に置いている。この意味で「型」的アプローチは非科学である。一方で、科学を絶対的方法と位置づけず、その批判的立場から万人が共有できる普遍的アプローチとしての「型」を論じている点で、逆説的だが科学的ともいえる。かといって、「型」は科学的方法論を内包するものではない。科学的方法論では扱うことが難しい事物に対するアプローチである。いずれにせよ、筆者としては「型」は「型」であって、普遍的な方法論として成立するのであって、それは科学とは異なるが非科学や疑似科学とは位置づけられ得ない、と考えている。科学的アプローチと「型」的アプローチの相補関係については、批判を受けることも含め、今後建設的に深めていければと期待している。

第4章　型が表現・伝達する叡智の質——把握・発露・現在

前章では、科学的方法論の特徴と比較することで、方法論としての型の特徴を浮き彫りにした。これは、序章〜第3章で議論してきた六つの「型」の特徴のうち、②非分析的な把握と伝達の手段である、③保存的であり再現的である、④要素間の関係性に分解すると価値を失うものである、⑤各要素の定義は変化する、をカバーする特徴である。本章では、残った二つの「型」の特徴、①特定の叡智を内在するパッケージである、⑥内在する叡智は「型」の外でも有効である、にある「叡智」について、科学的な「叡智」の質との比較を議論する。これによって、事物の何を「型」によって表現・伝達するとよいのかを認識できるだろう。その際の観点となるのが、（1）叡智の理解と把握という相違、（2）叡智の活用における推論と発露の相違、（3）叡智に対する時間感覚の相違である。

1　把握と理解——型的叡智と科学的叡智の受容の違い

本書を通じて、筆者は型的叡智に対しては「把握」、科学的叡智に対しては「理解」、という言葉を用いてきた。この使い分けの理由は、伝達された側が叡智を習得するあり様が異なるためである。「理解」は伝達された側が叡智を俯瞰的に客体として受け取り、細部の要素を含めて一意的に万人がその意味を共有できる。一方で、「把握」では伝達された側の各人が叡智を自身に内在化し、その内在化された叡智のあり様は各人によって異なってよい（補章4にて説明を補う）。

科学における理解

科学において、理論やモデルといった叡智は、伝達する側と伝達される側の双方にとって、自身と分離できる客体として成立しているということが前提となっている。例えば、ニュートンの運動方程式（理論）にしろ、それを支える場となっているユークリッド空間（モデル）にしろ、各人の理解の有無には依らず成立しており、万人が共有できることが前提である。科学的叡智は一意的に伝わるものであり、その内容は、要素と要素間関係性から構成されるものである。このため伝達する側にとっても、伝達される側にとっても、その叡智全体を自身から離れた存在として据えることができ、あたかも外から叡智を眺めるように取り扱う感じとなる（図4-1）。

「型」における把握

「型」においては、伝達する側は自身の客体としての「型」を、つまり伝達者本人の存在と切り離すことのできる「型」を伝えるが、伝達された側は叡智を把握するために「型」そのものの中に入り、「型」の叡智を受け取った本人の主体に同化を試み、最終的には内在化して叡智を把握する必要がある。武道の「型」であれば、誰かが演じる特定の「型」を外から眺めているだけでは、その叡智に触れることはできず、自分自身でその「型」を繰り返し稽古することで初めて「型」がもつ叡智を把握することができる。

もちろん、もともとその「型」の叡智を把握している主体であれば、「型」を外部から観察することで、その「型」が含む自身にとっての既知の叡智を理解することはできるが、自身が内在化していない叡智については推し量ることもできない。つまり、「型」自体は伝達手段として自己と切り離せるが、その叡智の把握には必ず被伝達者が「型」を自身と同化して内在化する必要があるのだ。

漢方についても同様で、傷寒論では、一つの「証 - 方剤」を一意的な組み合わせとして理解するだけでは不十分で、様々な症状に対応できない。傷寒論全体を内在化することに成功した被伝達者（傷寒論の学習者）のみが、傷寒論にも登場しない症状に対しての治療法、すなわち生薬の組み合わせとしての方剤を処方できるようになる。傷寒論に示された一連の「証 - 方剤」を、第2章に示したような矛盾や非合理性とともに内在化することなく、あくまで紙面に書かれた証しか対応できないのであ

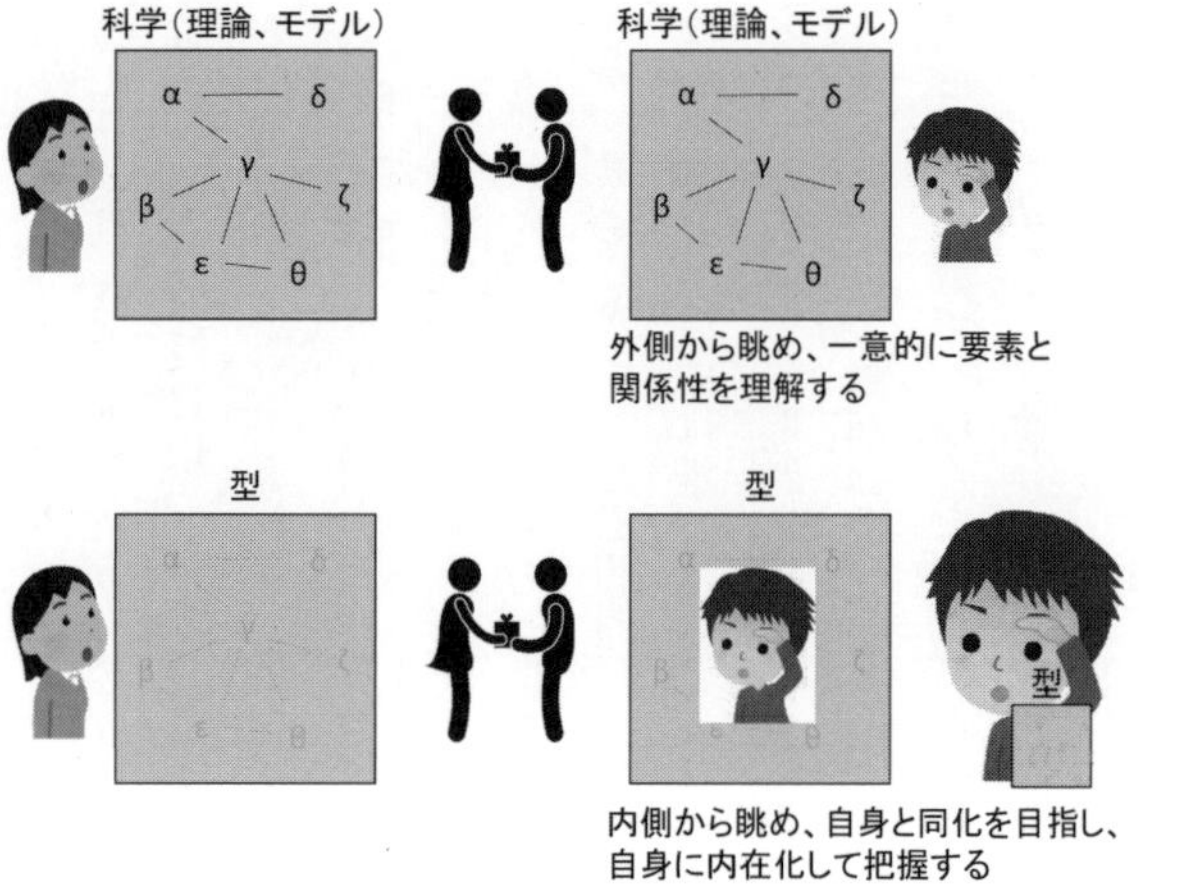

図4－1●科学における客体化と理解、型における内在化と把握

れば、それは傷寒論を「型」ではなくマニュアルとして扱っていることになり、傷寒論がその型体系としてもつ本来の叡智を把握していないという状態である。「型」は伝達される側から見ると、あたかも内側から叡智を眺める感じとなり、同化や内在化した段階でその叡智を把握できるのだ（図4－1）。

この「型」と同一化して自身に内在化する、という把握のプロセスでは、伝達される側は、「型」を受け取った時には、掴みどころのない「型」の世界の中に放り込まれたような感覚となる。この時、掴みどころを求めて、下手に「型」を分解して解釈し始めると、「型」の叡智は霧散する。被伝達者は当初は手掛かりの無いまま、ひたすらに「型」の習得を目指す。この習得の過程で、あたかも「型」の方から語りかけてくるように気づきを得たり、後から振り返った時にそうだったのかと納得するような感じで型の叡智を把握し始める。この把握に気づいた段階で、すでに叡智は被伝達者本人に内在化し始めている。一度、叡智に触れ、それに気づくようになると、その後は比較的順調に叡智を習得できるようになるというのが筆者の体験である。

「型」の主体への内在化

さて、この把握のプロセスでは、最初は「型」の内部に自分が取り込まれている状態だ。そして、型に同化しようと努力し、叡智の把握が進むにつれて、自分が「型」を内部に取り込んでいる状態へと変化していく。ここで注意したいのが、この内在化の際、「型」の創作者が意図したすべての叡智と同化できるか、つまり、すべての叡智を内在化することができるか、という点である。答えは「難しい」だ。理由は、「型」の創始者の身体性と経験が、「型」を学習する被伝達者とは異なるからである。

武道であれば、流派の創始者が苦心の末に生み出した型体系は、創立した時点で創始者の身体性と経験の上に成立している。何も経験のない被伝達者が「型」を受け取ったとして、創始者がその型体系に込めた叡智がそのまま伝わるとは考えづらい。もちろん、創始者側も叡智が正確に伝わるか否かの保険を型体系の中に残すこともあろう。例えば、最初に学習する「型」に、創始者が込めた流派の極意が含まれており、一通りの型体系の学習の後で、学習者が創始者の意図に気づき、最初の「型」

に戻って修練を積む、ということはしばしば見られる。いわば、創始者による叡智伝達の仕掛けともいえまいか。いずれにせよ、学習者は創始者とは身体性も経験も異なる存在であることから、創始者が意図した叡智を全て完璧に内在化するというのは、ほぼ不可能であると言ってよい。

一方で、この身体性と経験の違いから、創始者が意図しなかった叡智や不都合に被伝達者側が気づくこともある。その場合には、個別の「型」に改変が加えられたり、新たな流派が起こったりするのだ。このように、科学的な叡智が一意的に客体化されるが故に変化なく伝達されるのに対して、「型」は主体による多義的な把握を認めるため、叡智伝達の過程で変化することがしばしばである。

2 発露と推論——型的叡智と科学的叡智の活用の違い

このような、科学における理解と「型」における把握の相違は、その叡智の活用の仕方の違いとしても顕れる。科学では客体として事物を推論し（科学的な推論については補章4にて補う）、「型」では主体が事物を取り込んでから発露するのである。

科学的叡智による推論

まずは、科学の側を考えてみよう。例えば、野球で打席に立って投手の投げたボールを打つとする。

ニュートンの運動方程式を理解した個人であれば、ピッチャーの投げるボールの重さ（m_1）と速さ（v_1）、バットの重さ（m_2）、バットがボールに当たる直前のスイングの速さ（v_2）（直後も同じ速さとする）、ボールとバットの反発係数（e）が分かれば、以下の方程式に示すように、打った直後のボールの初速（v_0）が予測できる。

$m_1v_1+m_2v_2=m_1v_0+m_2v_2$ （運動量保存則）

$e=-(v_0-v_2)/(v_1+v_2)$ （反発係数の定義）

もちろん、実際には、角運動量、バットとボールの当たった角度、ボールの回転、空気摩擦、打った時に熱として消化されるエネルギー、バットと自身の総和として働く重さ、ボールを打つ前と打ったあとでのスイングスピードの変化などなど、様々な要因を考えねばならないが、それでも理解した叡智を活用して、自身の打った打球がどこまで届くかを予測することができる。ホームランを打つのに必要なスイングスピードを予測することも可能となるのだ。運動方程式という叡智を理解していれば、万人が同じ答えを導くことができる。

分子である薬の効果を実験的に細胞レベルで調べるのも同様だ。前提として、理解済みの科学的叡智は、細胞の構造物や成分（DNA・RNA、タンパク質、脂質など）の分子レベルでの働きとする。この場合、叡智の活用者は、薬の標的分子の解明に取り組むことができるし、薬を投与した結果、引

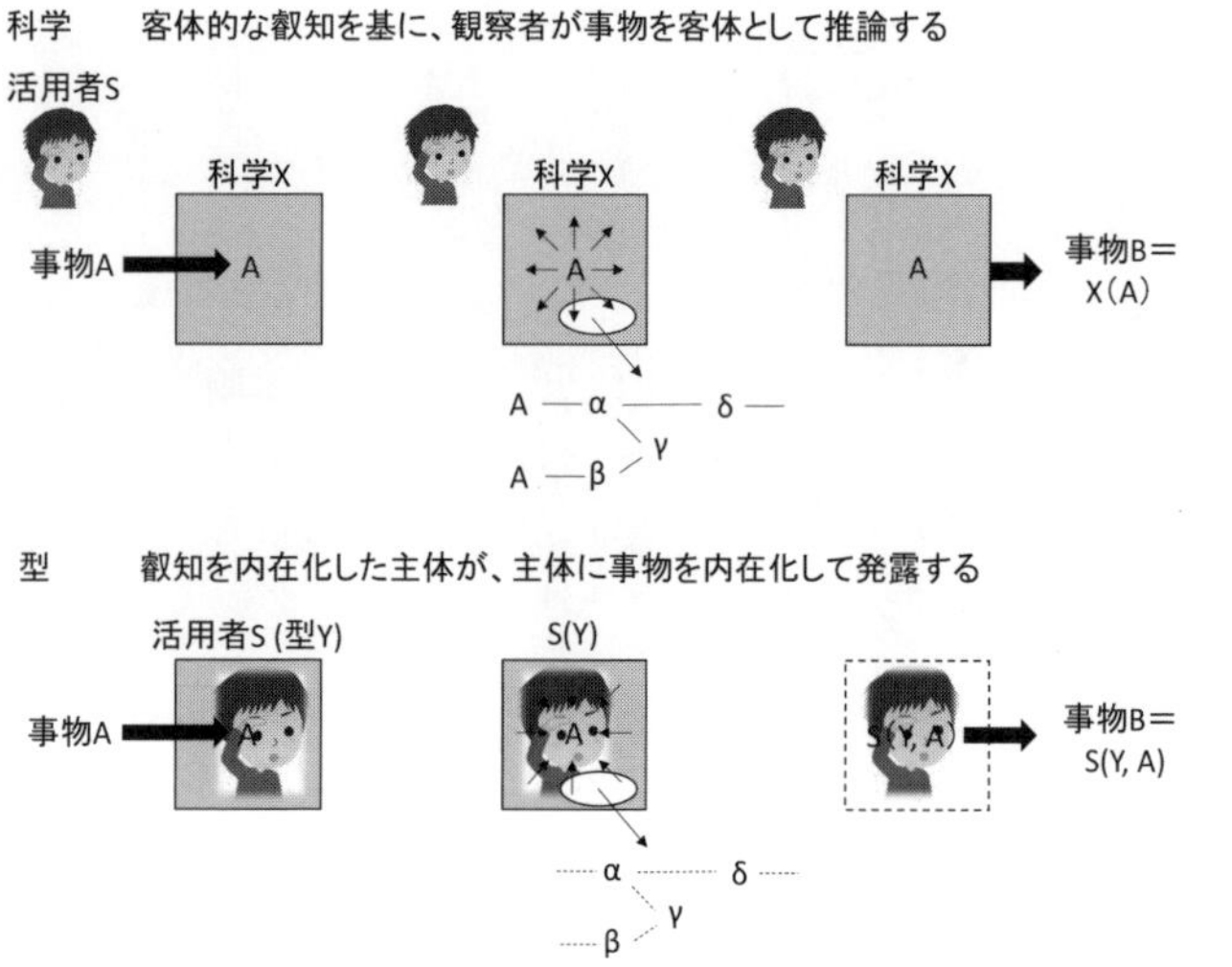

図4－2●科学と型における叡智の活用（推論と発露）

き起こされる分子の相互作用、細胞内の分子動態、そして、細胞分裂や細胞死といった細胞全体に現れる影響を観察することができる。たとえ標的分子が分からず、また、細胞内での分子動態を観察することができなくても、細胞自体が何パーセント死ぬかなど、薬が細胞に及ぼす効果を知ることができる。得られた結果は目の前の細胞だけでなく、実験条件が同じであれば他の細胞でも同様のことが起こるであろう、という予測もできる。この実験の前提となっているのは、細胞死とはどのような状態を指すのか、といった実験者本人の経験には依存しない叡智である。

バットとボールでは運動方程式を基に演繹的にボールの飛ぶ距離を、薬の作用では帰納的に細胞へ与える影響を確かめる、といった違いはあるものの、科学的叡智は帰納と演繹を含む推論（推論については補章4を参照されたい）として、万人に同様の予測を可能とさせる。一般化すると、科学的な叡智を持った人がいるとして、事物Aについて自身の理解する叡智を活用するとする（図4-2）。この場合、活用する人は事物Aや科学的叡智を俯瞰的立場で観察する立場にいる。そして、事物Aを科学的叡智である理論やモデルへ入れ込み、事物Aを中心に要素間の関係性を検証し、要素間に起こる（起きた）結果や現象から、アウトプットとしての事物Bを推論する、ということになる。つまり、事物Bは、科学的叡智Xに事物Aが作用した結果である（事物B＝叡智X（事物A）と表現できる）。この推論結果に対しても、科学的叡智の活用者は俯瞰的な位置におり、その推論結果自体は第3章で触れたように、最大化された共同主観として、万人と共有できるものである。

「型」的叡智の発露

「型」の場合は、「型」や型体系と同化し、叡智を内在化した各人という主体を通じた活用となる。つまり、科学において事物を客体化して推論するのとは異なり、主体自身からの発露として叡知が活用されることになる。

このため、主体や主体を取り巻く環境の状況が、その活用の発露に影響を与えることになる。例えば、空手の組手において、相手から突き（ストレートパンチ）が飛んできたとする。この突きに対して、こちらはどのように対応するのか。いくつか稽古した「型」の中の動きから、その状況に合う部分を選択して反撃の行動に移るのか。実際にやってみると、型通りに動いたとしても大抵の場合で効果がなく、負けることになる。よしんば、繰り出された拳を防いだり避けることができたとしても、そのまま、相手に入り込まれて次々と攻撃を繰り出されて不利な状況に追い込まれていくだろう。というのも、相手が突きを繰り出してきた瞬間、自身の姿勢や構えといった身体全体の状態が型稽古の時とは異なり、対応した型通りの動きが型稽古の通りの効果を発揮しない場合が殆どだからだ。加えて、戦っている相手は、稽古相手とは身長や体重も異なるのが普通だし、繰り出されている突きが、稽古と同じ距離、同じ高さ、同じ速さ、同じ角度で飛んでくるということは殆どない。

こういった「型」に嵌めて対応するというやり方は、マニュアル的であり、時には効果を発揮することもあるだろうが、多くの場合失敗する。そもそも、いくつかの「型」の習得では、現在置かれた状況にぴったりと当てはまるものはまずないし、意識的に動きを選択している時間的余裕もない。これでは「型」の叡智を活用しているとは言えず、いわば「生兵法は大怪我の基」といった状態だ。

「型」の叡智を内在化している場合、繰り出された突きに対しての対応は、必ずしも型通りの動きとはならない。図4-3は「型」での稽古の様子で、相手が左足前で右拳を腰にとった姿勢から、右足を踏み込みながら右拳で顔面に突きを入れに来たところを、受け側は突きを左腕で受けてから右手を相手の左首付近に入れ、そのまま、自身の身体を相手右側面に入れながら投げている。

図4－3●空手の「投げ15講」より上段三本目の型。①から⑧の順番で進んでいく。相手が左構えから、右足を出しながら右手で顔面を突いてくる（①～③）。相手の突きを受け（③）、右手を相手の首あたりに出しながら（④⑤）、同時に、身体を相手の右側から入れ（⑤⑥）、相手が崩れる間に右腕を左手で捕り（⑤～⑦）、最後に相手の肘を決めながら突きを入れる態勢（⑧）。一見、相手を崩しているのは⑤⑥の時のように見えるが、実際に崩しているのは③から④へ移行する瞬間である。それゆえに、④⑤で首あたりに出した腕は、相手に接触していない。投げる側は筆者。相手役として栗原宏氏（空手道四段）の協力を得た。

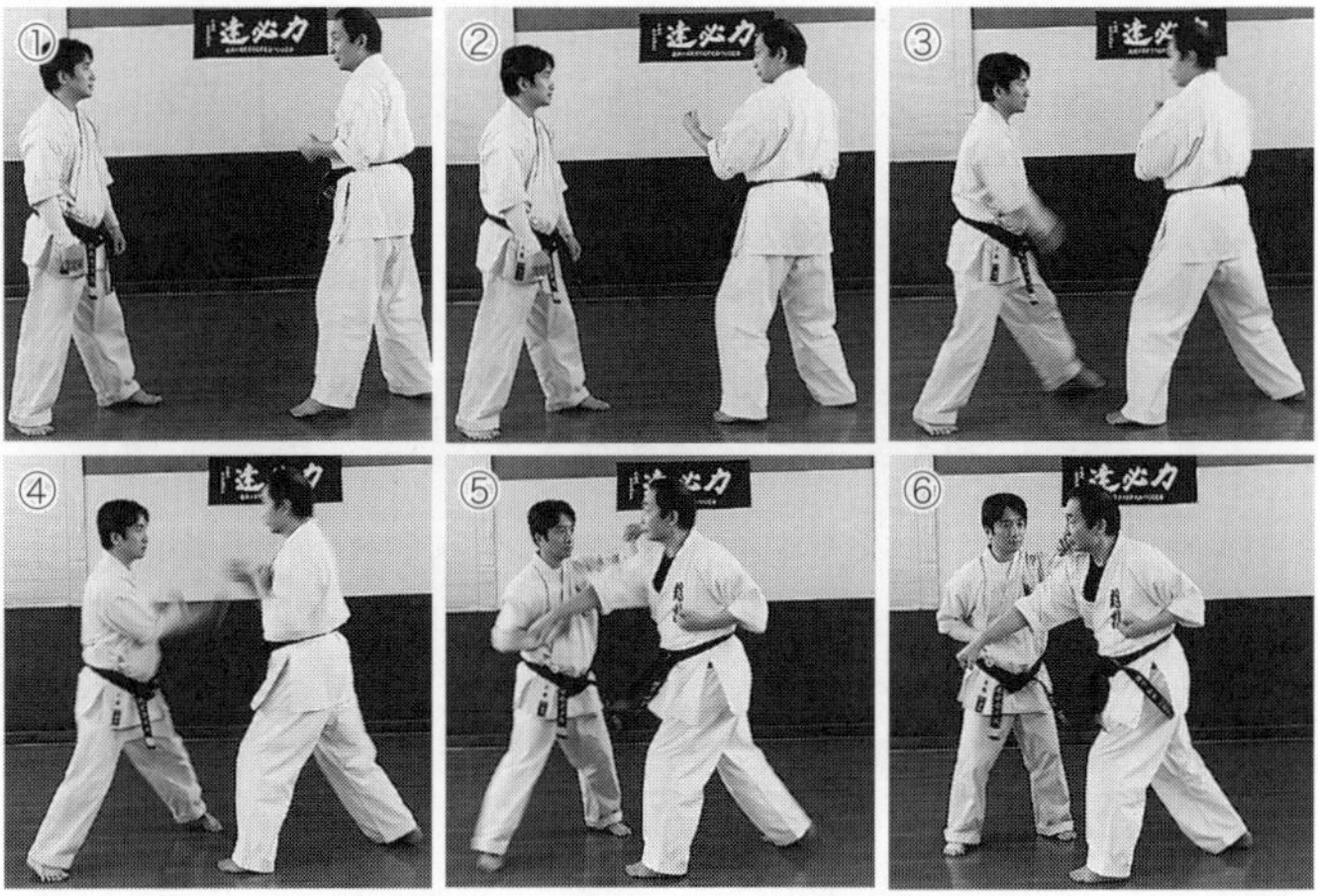

図 4－4●自由稽古での一コマ。①から⑥の順番で進んでいく。相手が左構えから、顔面にストレートパンチを繰り出してくる（①〜⑤）。こちらは、相手の行動の起こりに合わせて、相手の懐に入り（②〜③）、左側にステップしながら（③〜⑤）、相手のパンチに合わせて左の突きを入れている（④〜⑥）。この時、前述の図 4-3 で示した型稽古で内在化した、受けからの崩しを活用している。具体的には、③〜⑤におけるこちらの右手の使い方と、左側へのステップに反映されている。実際に相手のパンチを右手（右腕）で接触して受けているわけではないが、崩しが入っているために、相手はパンチを繰り出した後で、前方に身体が傾き、次の攻撃に移れない崩れた状態となっている。反撃側は筆者。相手役として岡下和孝氏（空手道師範）の協力を得た。

これに対して、図4-4は自由稽古で、相手が両手を挙げ左足を前にした構えから、ストレートパンチを右手で顔面に打ってきたところを右腕でそのまま崩しているところである。図4-4の自由稽古の状況は型にはないが、対応の原理は図4-3と同じである。図4-3の稽古を重ねた結果、「型」の叡智が内在化しており、その結果、その型の状況以外でも活用することができるのだ。

このように、「型」で学んだ叡智が心身の動きとして発露し、相手の攻撃を無効化し、かつ、そのまま相手を打撃や投げなどによって制することになる。この動きは意識的に発露することもあるが、稽古が進むにつれて無意識に発露することの方が多い。

漢方の場合も同様であり、体系を内在化した医者であれば、新たな症状や新たな患者の出現に対して、対応する方剤を調合することも可能だ。二〇一九年末に発生した新型コロナウイルスに対して、中国では発生三ヵ月以内の二〇二〇年二月までに、いくつもの漢方方剤が提案された。その内容を見ていると、いわゆる科学的に成分が同定されたものを組み合わせたのではなく、傷寒論など古典的な方剤をベースとして少し工夫されたものであった。例えば、「清肺排毒湯」は、傷寒論に記されている「麻杏甘石湯」、「射干麻黄湯」、「小柴胡湯」、「五苓散」を組み合わせたものが基本となっている（文献50）。新型コロナウイルスの症状もある意味典型的な傷寒の症状の組み合わせであることを把握できるし、漢方医学を内在化した医者にとっては方剤を古典的な漢方の文脈で調合することも難しくないだろうと感じたものだ。実際に、清肺排毒湯を含む漢方に効果ありという報告が中国から出されているし、日本でもそのニュースに触れたことのある読者もいるのではないだろうか。

主体に応じた「型」の発露

武道にしろ、漢方にしろ、「型」的叡智の活用では、まずは、伝達された側が型の叡智を内在化することが前提だ。事物は、この分離不能な個人と叡智に対して働き掛ける。そのため、特定の事物に対する叡智の活用は、個人によって異なるのが自然だ。そもそも、同じ体格、同じ学習歴など、まったく同じ個人が存在するのか。たとえ、一卵性双生児で同じ遺伝子を最初の卵割のときに分け合ったとしても、母体から生まれるまでに経験した生物学的な成長過程、母体から生まれた後の人間的な経験が、同一であるということはまずありえない。同一の個体でないのであれば、当然、叡智活用の発露も異なる。そもそも、叡智を把握し、内在化するあり方さえも異なってくる。叡智を万人が同様に発露することはないと言ってよい。この点、事物に対して、万人が同様の推論を得られる科学的叡智とは区別される。「型」の場合、その叡智が個人に合わせて反映されるともいえる。科学よりも「型」の叡智の方が、融通が利くともいえるのだ。

本節の最後に、「型」の叡智の活用について一般化してみる。「型」的な叡智を内在化した人がいるとして、事物Aについて自身の把握する叡智を活用するとする（図4-2）。この場合、活用者（主体）Sは事物Aを主体的な立場として叡智とともに待ち受ける立場にいる。そして、事物Aが叡智を内在化した活用者Sに働きかけ、その瞬間に事物Aも主体Sへ同化する。そして、叡智の主体内部での働きにより、同化した事物Aに対する自然な発露として、事物Bがアウトプットされる。つまり、事物Bは、活用者Sへ型Yと事物Aが内在化された結果である（事物B＝主体S（型Y、事物A）と表現できる）。それゆえ、「型」は多くの人と共有できるものだが、その活用によるアウトプットは、個々人によって異なるものとなる。科学との比較では、①科学では活用者は叡智の外側におり、「型」では叡智を内在化している、②科学では事物が叡智を構成する要素へ広がりを持って働き掛ける、「型」では事物が叡智と自身が一体化した存在へ集約してくる、③科学では客体化した事物に対して推論を駆使して活用し、「型」では事物を主体化し主体の発露として活用する、といった違いも浮き彫りになる。

3　今この瞬間を大切にする型

叡智に対する時間感覚の相違

叡智に対する主体の立ち位置の相違は、主体が叡智に対峙する時間感覚の相違としても浮かび上がる。科学では、過去に起きた事例から理論やモデルを構築し、演繹・帰納・アブダクション（文献

51）（補章4参照）といった推論を駆使することで、過去に起こった事物に対して解釈を加えたり、未来の事物を予測したりする。叡智となる理論やモデルを構築する本人の中では、現在から過去へと視点が流れている。理論やモデルを使用する側は、現在から過去と未来への視点が流れている。

一方で、「型」の場合、過去に起きた事例と自身の経験に基づいて「型」を創出し、叡智を内在化した自身を通じて、過去に起こった事物に対して解釈を加えたり、未来の事物を予測したりする。そして何よりも、その瞬間に起こった事物に対して、その瞬間の現在において対応する。つまり、「型」の創出者では現在から過去へと視点が流れ、「型」を使用する側は、現在の自身と繋がりをもった、過去と未来への視点を持つことになる。

一見、科学も「型」も違いがないようにみえるが、現在に対する主体の在り様が大きく異なる。科学では、目の前の問題を解く場合に、問題を客体化し、過去に起きたものとして主体が俯瞰的に捉える。今起きている問題も、主体が叡智を活用して取り組む瞬間には、すでに過去に起きた問題である。未来について予測するとして、それは現在ではない。つまり科学においては、事物を主体から切り離して客体として捉えるという理由から、主体から見ると現在がないのだ。過去と未来は主体の現在とは独立したものだ。

一方、「型」では、事物が叡智を持つ個人の現在の瞬間に作用することで、初めて活用が可能となる。問題に対応するとして、それが過去に起こった事物であったとしても、その事物は現在の瞬間の主体に作用する。誰かの未来を推測するとしても、それは自身の現在と切り離された未来とはならない。叡智と主体が切り離されないという理由により、事物に対して常に現在における視点をもち、叡智を活用するのだ。同じ人物であったとしても、叡智以外の状況が異なる一瞬先の未来では、問題に対して別の対応をとる可能性もある。科学であれば、叡智は自身と切り離された存在であり、未来においても同じ叡智は同じように問題に対して適用される。「型」では常に叡智と主体の心身による現在の直覚が連続しており、その直覚が過去と未来と繋がる、といってもよいかもしれない。

科学では、事物は時間とともに主体と切り離された客体として扱われている、と述べると、それは古典物理学的な世界であって、現代の量子力学の世界では異なるのではないか、という読者の指摘もあるかもしれない。たしかに、量子力学の世界では、微粒子の世界において、事物の存在が確率によって定まっており、主体の観察がなされるまでは事物の状態を確定できない、ということが知られている。つまり、主体と事物は切り離すことができない側面があるという理論だ。もちろん、この量子力学の体系を否定するつもりは毛頭ない。筆者が主張しているのは、この量子力学体系という叡智自体は、主体と切り離せない叡智なのか否か、という点である。ある時点で確立している量子力学体系を習得した個人によって、その時点で事物に対して異なる理論が適用されることはないだろう。量子力学体系そのものは、主体自体とは切り離して成立しているものである。科学では、その叡智自体は主体と切り離して扱うものであって、その主体が何を経験したのか(するのか)は、叡智とその活用にとっては独立したものなのだ。

現在という瞬間

以上のように、科学と「型」では、叡智と主体との関係から、その叡智を受け取ったり活用したりする主体にとって、現在の瞬間という時間の在り様が異なり、それ故に過去と未来との関係も異なる。科学では切り離された過去と未来の時間であって現在が存在せず、「型」では常に現在からの繋がりとしての過去と未来が存在する。このため、科学的叡智の伝達では、被伝達者側は過去に既知なものとして叡智を理解するような感覚となる。一方、型的叡智の伝達では、現在の瞬間に未知だったものを、ある瞬間に把握して内在化する。被伝達者側にとって、その把握の瞬間には、意識的に既知のものとして理解する、という感覚がないことが多い。未来から降ってくる未知の何かを意識化も言語化もできずに待っている、という感覚である。いつのまにか内在化した叡智によって、過去と未来に対する自分自身の繋がりが変化しているのだ。

もちろん内在化した叡智を意識上に浮かび上がらせ、言語化できるようになれば、その時には叡智を自身から切り離して伝達することも可能だ。ただし、その伝達において言葉を使用することになると、伝統芸能の伝書のように、叡智を習得していない者にとっては理解できないものになることも多いことを歴史が語っている。実際、世阿弥の伝書について、西平直氏は「未だ体験したことのない者には、文字だけ見ても、その文字の裏側に秘められた厚みが聴こえてこない。あるいは、世阿弥がその文字を通して書き残そうとしたことは、すでにその内容を体験したことのある者にしか伝わらないようにできている。（文献17、二四頁）」とはっきりと論じている（伝書については補章1参照）。

4 科学と「型」、それぞれに適する叡智

適した叡智の質

科学では叡智を「理解」し「推論」によって活用する、「型」では叡智を「把握」し「発露」によって活用する、ということを中心に、それに纏わる主体の叡智に対する立ち位置と時間感覚について述べてきた。前章で述べた方法論としての相違も含め、どのような叡智が「型」を用いた表現と伝達に適しているのか、また、科学に適しているのか、まとめたものが以下である。

型に適している叡智

・主体への内在化を求め、主体からの発露を求める叡智
・万人に同様の推論を求めず、被伝達者側での活用の相違を許容する叡智

・要素間関係性を重視せず、総合性を重視する叡智

科学に適している叡智

・主体からの外在化を求め、主体からの発露を求めない叡智
・万人に同様の推論を求め、被伝達者側での活用の相違を許容しない叡智
・要素間関係性を重視し、要素の個別性を重視する叡智

このように、科学と「型」は、扱いを得意とする叡智に対して、互いに補完関係にあるといえる。表現と伝達の方法としてどちらを選択するかは、それぞれの強みと弱みを分かった上で行うのがよいだろう。

例えば、第1章では武道における「型」の特徴を紹介したが、何も技術の教授方法として、科学的アプローチを否定するつもりはない。ただし、武道の叡智の活用目的が、日常の急変に対応したり、戦場において突然予測していなかった攻撃に対応する、といったことを想定する場合、事物の起きた瞬間に対応する必要があるため、「型」の方法論によって叡智を内在化する、ということに優位性があるように思える。但し、科学的トレーニングに比べると「型」による稽古は、叡智の習得に時間がかかるという欠点もある。一方、ルールの決まった試合で勝つことを目的とするのであれば、特定の状況や身体要素に着目した科学的なトレーニングが大いに効果を発揮するだろう。

伝統芸能においても、日本舞踊に見られるように師範が踊り全体を見せて弟子はひたすらそれを模倣する、というスタイルもあれば、部分部分の稽古を重視して積み重ねるというスタイルもありだろう。西洋バレエでは、つま先立ちといった部分の練習を積み重ねていった先に、全体に芸術性が伴うような質の転換を求める、といったことも耳にする。

医学における叡智の質の相違――西洋医学と漢方医学

医学ではどうだろうか。第2章以降、本書では繰り返し漢方も「型」であることを強調してきたが、漢方は医学である。医学なのに万人に適用できないものでよいのか、という疑問を持つことは自然だ。先に答えからいうと、それでよいのが漢方だと筆者は思っている。だからこそ、漢方は科学に基づく西洋医学と異なり、個々の患者の特徴に合わせた治療ができるのである。複数の漢方医が同じ患者を同時に診察した場合に、十人十色の処方が出てくるのも当然であり、同じ技術、同じ薬によって治療するということにはならない。西洋医学では、検査や診察の結果、いくつか治療法の選択肢が得られ、主治医の選択によっては異なる処方となることもあるが、十人十色ということにはならない。このため、西洋医にかかれば、どの病院にかかったとしても、診察技術や設備が同じであるのなら、それほど異なった治療方法が提案されることはないだろう。対して、漢方では、個人と融合した叡智に基づく診察と治療が施されるため、医者によって異なる対応となる。そのため、患者によって、ある漢方

	西洋医学	漢方医学
叡智体系	一体系として積み重ねることで一意的に理解	種々体系の重ね合わせとして総合的に把握
身体の地図	解剖学的・物理的	全体的・機能的
心身	心と身は別物（二元論）	心身一如（一元論）
心身と環境	心身と環境は別物	心身と環境は交流する
病気	平均的健康人に対する特殊例	個々人のバラエティーが前提
診察	客観的なデータ重視	主観的な感覚を重視
根拠	科学的な実証、因果関係	伝承と経験則による合意
治療	物理的な病因を特定して治療（病因不明な場合は対処療法）	症状に合わせて治療（病因が分かる必要はない）

表4－1●西洋医学と漢方医学

医に見てもらっても改善しない症状が、別の漢方医に見てもらったら数日で改善した、といった患者と医者の相性も出てくる。西洋医に比べ漢方医の方が、叡智の内在化の程度によって発露される事物も異なるので、治療のもたらす効果が蓋然的になりがちで、いわゆるヤブ医者と呼ばれてしまう医者も多いだろうと思う。表4－1に西洋医学と漢方医学の比較を示す。

このように、医学でも、科学的な西洋医学と「型」的な漢方医学は、それぞれ異なる事物の見方と立場があり、一概にどちらが良いとは言えず、その病気や症状によって適した医学がある、つまり、適した方法論があるのだ。

さて、武道、伝統芸能、医学以外にも、「型」の方法論が適用されている叡智はあるのか。「型」の方法の特徴の一つは、叡智を内在化し、自身からの発露として現在の瞬間から過去や未来を繋ぐことである。このため、例えば、易占いで有名な「易経」は、占いの書ではなく、英語訳の“Book of Change”のように、事物の変化についての書として捉えるとき、まさに

「型」であると感じる。

　また、科学的な生命や自然のビジョンに飽き足らず、主体性や記号論からアプローチすることで存在を理解しようとする試みがなされているが、こういった活動にも「型」の方法論は適用できるのではないか。加えて、自身の内から叡智を発露するという点で、近年盛んに議論されている「創造力」にアプローチするにも「型」は有効であると考える。このような、人間や生命へアプローチする方法としての型、そして、創造力を涵養する方法としての「型」について、次章以降で論じたい。

補章4 ……… 科学における理解と推論、型における把握と発露

本書において、科学的方法論と「型」的方法論の違いとして、科学における叡智の「理解」と活用方法としての「推論」、「型」による叡智の「把握」と「発露」、という使い分けを行った。これは筆者独自の使い分けであり、若干の追加説明が必要となるところでもあるだろう。「発露」については、第4章で十分に説明していると思われるので、ここでは、「理解と把握」そして「推論」について触れたい。

理解と把握

「理解」という言葉は、「理」と「解」という二語から成立している。「理」とは、「ことわり」であり、第3章でも触れたが朱子学の「窮理」という使われかたが存在し、この中で「理」とは存在の形而上の道理・法則を表している。この「理」を、複雑なものを解くという意味を持つ「解」するのであるから、「理解」という言葉は、複雑な事物を意識的に分け解いていき道理や法則を見出す、といったニュアンスを持っている。そこで、科学的叡智に関しては「理解」という言葉を用いたのである。

科学的な「理解」では、第4章で説明したように、伝達された側が叡智を俯瞰的に客体として受け取り、細部の要素を含めて一意的に万人がその意味を共有できる。

一方、「型」的叡智は、本書で何度も触れているように、「理解」しては形骸化してしまう。そこで、叡智を全体として掴んで内在化している（または内在化過程にある）状態の主体の叡智に対する在り様として「把握」という言葉を用いた。この「把握」の状態は、必ずしも主体が意識的に実現している必要はない。主体による内在化を前提とするため、「把握」では内在化された叡智の在り様は各人によって異なってよい。

筆者は、この使い分けの背景として、英語の understand と comprehend という言葉の違いも念頭においている。understand は「under」と「stand」が複合した語であり、この「under」は「下（beneath）」という意味だけではなく「間・中（between, among）」という意味も含んでいる。つまり「間に立つ」というのが understand の語感である。この語感は科学的な事物を分けて間に立って理解するというニュアンスとマッチする。他方、comprehend は「com」と「prehend」の複合語である。「com」は共にとか一緒にといった意味であり、「prehend」はラテン語の「L'prehendere」という「つかむ、捕える」という語が語源である。加えて、哲学史の中では、アルフレッド・ホワイトヘッドが「非認識的把握（uncognitive apprehension）」という意味を持つ「prehension」という語（日本語では「抱握」と訳される）を創作しており（文献6）、必ずしも意識を伴わない把握という意味を持つ用語として「prehend」を使用できる。つまり、「comprehend」は、「共につかむ」「全体を捕える」であり、その状況は「意識的であっても無意識的であってもよい」という語感を持つのであり、本書で使用する日本語の「把握」という言葉の語感にマッチすると考えたのだ。本書の最後に英語の要旨が付記されているが、上記のような理由で理解と把握については、それぞれ「understand」と「comprehend」を使用している。

科学における論理的推論

本書で使用する「推論」は、科学的活動に用いられる「論理的推論」を意図している。科学において、論理的推論は、前提から結論を導きだすために論理的に統制された思考過程であり、新たな結論や仮説・理論を導く方法となるため、科学的活動の創造性に寄与する重要な部分だ。推論は、歴史的には、アリストテレスの三段論法に象徴される古代ギリシアの論理学が有名であり、古代インドなどでも五段論法などの論理が提示されてきた。近代科学の勃興以降、科学の普遍性を担保する部分でもあるがゆえに、多くの哲学者が様々な論理による推論方法を取り上げ、その正当性を議論してきた。それゆえに、その定義や表現方法には、哲学者によって微妙な違いはあるのも確かだ。ここでは、論理的推論の代表ともいえる、演繹法（deduction）、帰納法（induction）、アブダクション（abduction, retroduction）（仮説形成法・仮説的推論）の基本的な考え方について簡単に紹介したい。それぞれの推論の詳細については、本文でも取り上げた米盛裕二氏の『アブダクション――仮説と発見の論理』（文献51）や、補章3でも取り上げた伊勢田哲治氏の『疑似科学と科学の哲学』（文献44）が入門書として良書である。

演繹法（deduction）

一般的・普遍的な前提から、より個別的・特殊的な結論を得る論理方式であり、前提が正しいのであれば、推論過程の内容を考慮に入れずに、必然的に正しい結論が得られる推論法である。三段論法的には、

① **大前提・規則**　鳥のカラスはすべて黒い
② **小前提・事例**　これらの鳥はすべてカラスである
③ **結論・結果**　ゆえに、これらの鳥はすべて黒い

といった①、②、③を順番にたどる推論形式となる。大前提・規則が正しいのであれば、結論・結果は必ず正しくなることがお分かりであろう。この演繹法は、我々の経験とは独立して成立する論理的厳密性を持つ。一方で、この結論「ゆえに、これらの鳥はすべて黒い」はある意味あたりまえだとも感じられるだろう。演繹法では大前提・規則が明らかに正しいとき、新しい諸概念を生み出し知識を拡充するという機能に乏しいともいえるのだ。一九世紀後半から二〇世紀前半に活躍した科学哲学者

チャールズ・S・パースによれば、分析的推論に位置づけられる。

この大前提・規則が明らかでないときはどうだろうか。つまり、①が「鳥のカラスはすべて黒いとする」という仮説・仮定であった場合だ。この場合、この演繹法は、仮説である①を検証するための推論方法となる。つまり、③において「これらの鳥がすべて黒かった」という結果を得た場合、①の「鳥のカラスはすべて黒い」という確率が上がり、仮説が確からしいという検証ができることになる。逆に、③において「鳥の一羽が白かった」という結果を得た場合、①の仮説は間違っていることになる。このような、演繹法を仮説の検証に使用することを、仮説演繹法、と呼ぶ。

帰納法（induction）

演繹法とは異なり、個別的・特殊的な事例から、一般的・普遍的な規則・法則を見出そうとする論理方式である。演繹法と異なり、前提が正しいからといって結論が必然的に正しいとは言えない蓋然的な推論法である。同様に三段論法的（正しい三段論法ではないが）には、

① **小前提・事例**　これらの鳥はすべてカラスである
② **結論・結果**　これらの鳥はすべて黒い
③ **大前提・規則**　ゆえに、鳥のカラスはすべて黒い

といった、事例と結果から、大前提となる規則を導くという、演繹法とは順番が異なる推論方法である。ここでのポイントは、得られた観察結果から、一般的・普遍的な規則を推論できるという点である。つまり、演繹法とは異なり、新たな規則を導き出すことができるのだ。この帰納法（または枚挙的帰納法）は「ベーコン的方法」とも呼ばれ、一八世紀には科学的方法による知識創造の根幹と考えられていた推論方法である。パースによれば、その知識の拡張性から、拡張的推論に位置づけられる。

ただ、ここで注意してほしいのが、たとえ「これらの鳥がすべて黒かった」としても、次に観察するカラスという鳥が黒いという確証はない、という点だ。帰納法を成立させる前提として、「これまで観察したものと、まだ観察されていないものは似ている」という「斉一性」の原理がある。こういった帰納法への懐疑主義的な批判を提示した哲学者としては一八世紀のデイビッド・ヒュームが有名だ。また、「何を現象として観察できるかは、前提となる理論が決定する」という一九五三年にノーウッド・R・ハンソンが主張した「観察の理論負荷性」も影響する（文献52）。つまり、理論と観察の独立性がそもそも担保できず、見たいものしか見えていない、という状況だ。上記カラスの例では、元々カラスは黒いという思い込みがあるから、たとえ白いカラスがいたとしても、カラスとして我々が認識できておらず、観察結果として遡上にのぼらない可能性があるということを指摘している。こういった指摘も考慮すると、帰納法は、一般的・普遍的である可能性が高い規則を推論できる、といった位置づけが妥当であろう。

アブダクション（abduction, retroduction）（仮説形成法・仮説的推論）

アブダクションは、チャールズ・S・パースによって提案された、もう一つの拡張的推論法であり、個別の事象を説明しうる仮説を形成する方法である（文献51）。パースは、演繹法も帰納法も基本的には、新たな観念や理論を創出するのに貢献しない、という問題意識を持っていた。実際、演繹法は上記でも触れたが、必然的過ぎるがゆえに拡張性に乏しいし、帰納法は観察結果を拡大解釈した結果にすぎないともいえる。つまり、「これまで観察したカラスが全て黒かったので、これから観察するカラスも全て黒いのだろう」という推論は、ある意味あたりまえだとも言えるのだ。演繹法と帰納法では論証力が強い一方で、思考の拡張性に乏しいと言える。そこで、パースは実際の科学者が実施している思考プロセスとして、アブダクション（仮説形成法・仮説的推論）を提案した。三段論法的には（正しい三段論法ではないが）、

① **大前提・規則**　鳥のカラスはすべて黒い

② **結論・結果**　これらの鳥はすべて黒い

③ **小前提・事例**　ゆえに、これらの鳥はすべてカラスである

といった感じである。演繹法と帰納法と比較して、論理の展開する順番が異なることに着目してほしい。明確な大前提を基に観察結果を考察し、個別の事例の説明や事例を説明する仮説を提示するとい

う推論法となっている。演繹法や帰納法と比べると、結論に飛躍が起きる推論法と言ってもよい。例示したカラスの場合でも、「ゆえに、これらの鳥はすべてカラスである」、と言い切られると、すぐにそんなことはない、という反論が出てきそうだ。例えば、目の前の観察結果に、一羽でも黒鳥が混ざっている場合などをすぐに思いつくことができる。この場合、「これらの鳥はすべてカラスである」という仮説は間違っていることになる。このように、飛躍があるがゆえに、演繹法はもとより帰納法よりも論証力が弱い推論でもある。

このような弱い推論方法ではあるが、アブダクションによる推論を行うことで、科学者は新しい仮説を提示している、とパースは考えた。例えば、パースは、「化石が発見される。それは例えば魚の化石のようなもので、しかも陸地のずっと内側で見つかったとしよう。この現象を説明するために、われわれはこの一帯の陸地はかつては海であったに違いないと考える。これも一つの仮説である。」と述べている。この場合、①大前提・規則となるのは「魚は海の生物である。化石はその生物が生きた環境を反映した地層で見つかる」であり、②結論・結果が「化石が陸地のずっと内側で見つかった」である。そして、この①②から③小前提・事例である「この一帯の陸地はかつては海であった」という、これまでにはない新たな仮説が導かれるのだ。

パースは、アブダクションのみで科学的な推論過程が完結するとは考えていない。科学者は、アブダクションで仮説を形成し、その仮説を前提とした際にどんな観察結果が得られるかを演繹的に推論し、最後に、確からしさを帰納法によって検証する、といったステップを踏んでいると考えたのだ。

このアブダクションによる仮説の形成機能が、科学的活動において、論証力は低いものの論理の拡張性を許容し、創造力を発揮する土壌となっているともいえる。

第5章……人間や生命にアプローチする型——易経・生命科学

本書では、これまで武道と漢方を例にとり、叡智の表現と伝達の方法としての「型」を紹介し、さらに、「型」の方法論の詳細と含まれる叡智の質について、科学との比較から論じてきた。序章でも触れたが、改めて強調したいのは、筆者が論じている「型」は、分類法としての「型」ではないということだ。分類法としての「型」は、むしろこれまでに述べた科学的方法論の特徴を持つアプローチである。血液「型」などは、その典型例だろう。A型、B型、AB型、O型は、それぞれの「型」となる項目の一意的な定義が存在し、その定義は主体とは切り離され、万人がその定義を活用して血液型分類ができる。

「型」は、武道、伝統芸能、文化、社会、宗教、心身論、教育といった様々な文脈で議論されてきたが、その議論の中には分類方法としての「型」と叡智の表現・伝達方法としての「型」が混在しているように思える。社会や文化の分類は、まさに分類方法としての「型」である。何々という特徴を持つもの、と定義されて分類される事物は、この科学的な分類方法としての「型」である。

俳句や短歌はどうだろうか。これらは、基本的には「五文字・七文字・五文字」で季語を持つものが俳句、「五文字・七文字・五文字・七文字・七文字」で表現されるものが短歌、という特徴によって定義されているので、分類方法として「型」が適用できる。これは、俳句と短歌を客体化して観察する者による分類である。一方で、俳句と短歌を自ら詠む者にとっては、この定義は単なる分類方法としての意味だけでなく、自然、社会、人間などを表現し伝達するための「型」となる。詠人が俳句や短歌といった「型」に入り込み、それぞれの「型」が持つ表現と伝達の叡智を内在化する。その上で、詠人がその瞬間の心情や風情といったものを取り込み、主体からの発露として詠い上げる。まさに、表現と伝達の方法としての「型」の特徴が生かされている事例だ。

本章では、多くの研究者や執筆家によって議論されてきた伝統的な「型」の叡智の事例を紹介するつもりはない。こういった事例は、『型（源了圓）』（文献14）、『型の文化再興（安田武）』（文献15）、『〈わざ〉から知る（生田久美子）』（文献16）、『世阿弥の稽古哲学（西平直）』（文献17）といった良書に多く紹介されているので、興味のある読者は是非一読いただきたい。ここでは、これまで着目されていなかったが、実は表現と伝達の方法としての「型」の特徴が生かされている事例や、現在のアプローチでは限界を迎えており、「型」によるアプローチが新たな地平線を切り開く可能性がある事例について議論する。

1　人間への型によるアプローチ――易経

易経の型体系

最初に取り上げるのは「易経」である。儒教の五経の第一に挙げられる書であり、また、歴史の中では老荘思想に強い繋がりを持つ玄学の三玄の書の一角でもある。いわゆる、易占いがその結果を参照する書でもある。岩波文庫の『易経（高田真治・後藤基巳訳）』（文献53）の表紙カバーには、「周代に大成されたから『周易』ともいう。宇宙・人生の神羅万象を陰陽＝爻《こう》の変化によって説明し予言する書。東洋思想の根幹をなす哲学書でもある」とある。西洋では易経は「変化の書（英語では *Book of Change*）」と名付けられ、東洋思想における根幹の哲学書の一冊として位置付けられている。例えばユング心理学で有名なカール・グスタフ・ユングは「共時性」という概念は易の思想にもとづくものであると言っている（文献54）。

宗教、占い、予言と出てくると、第3章で説明されたように「型」は宗教や占いと違うのではないのか、という批判を受けそうだ。もちろん、信条・信仰が目的となると、筆者が想定する「型」の範疇ではない。しかし、易経がどのように宇宙・人生の神羅万象を説明しているのか、に着目したとき、易経は「型」としての表現・伝達の方法論を採用している、と言える特徴を見いだせる。

易経の記述の根幹となっているのは、⚋で表現される陰の爻《こう》と、⚊で表現される陽の爻の二爻である。この陰陽二爻が三つ重なって八つ（二の三乗）の異なるパターンとなり、乾《けん》（☰）・兌《だ》（☱）・離《り》（☲）・震《しん》（☳）・巽《そん》（☴）・坎《すい》（☵）・艮《ごん》（☶）・坤《こん》（☷）、という八卦《はっけ》が表現される（表5-1）。八卦のそれぞれには配される含意があり、例えば、自然に配すると順番に天・沢・火・雷・風・水・山・地、性情に配すると健・悦・麗・動・入・陥・止・順、家族の成員に配すると父・少女・中女・長男・長女・中男・少男・母といった感じになる。

この、八卦がさらに二つ上下に重なって六四卦が構成される（表5-2）。例えば、乾（☰）が二つ重なって、乾《けん》（乾《けん》為《い》天《てん》）（上卦☰下卦☰）といった具合である。

易経は、この六四卦のリストであり、それぞれの卦の全体的な意味について記述する卦辞《かじ》と、それぞれの卦を構成している6本の爻の意味を説明する爻辞《こうじ》といった説明書きが付記されている。

例えば、

卦：乾（乾為天）（上卦☰下卦☰）

卦辞：乾《けん》は、元《おお》いに亨《とお》りて貞《ただし》きに利《よ》ろし。

爻辞：

初九。潜竜《せんりゅう》なり。用いるなかれ。

八卦	乾	兌	離	震	巽	坎	艮	坤
読み方	けん	だ	り	しん	そん	すい	ごん	こん
図象	☰	☱	☲	☳	☴	☵	☶	☷
自然	天	沢	火	雷	風	水	山	地
性情	健	悦	麗	動	入	陥	止	順
家族	父	少女	中女	長男	長女	中男	少男	母
身体	首	口	目	足	股	耳	手	腹

表 5 - 1 ●八卦配当表

☷ 坤(地)	☶ 艮(山)	☵ 坎(水)	☴ 巽(風)	☳ 震(雷)	☲ 離(火)	☱ 兌(沢)	☰ 乾(天)	←上卦 ↓下卦
☷ ☰ 地天泰	☶ ☰ 山天大畜	☵ ☰ 水天需	☴ ☰ 風天小畜	☳ ☰ 雷天大壮	☲ ☰ 火天大有	☱ ☰ 沢天夬	☰ ☰ 乾為天	☰ 乾(天)
☷ ☱ 地沢臨	☶ ☱ 山沢損	☵ ☱ 水沢節	☴ ☱ 風沢中孚	☳ ☱ 雷沢帰妹	☲ ☱ 火沢睽	☱ ☱ 兌為沢	☰ ☱ 天沢履	☱ 兌(沢)
☷ ☲ 地火明夷	☶ ☲ 山火賁	☵ ☲ 水火既済	☴ ☲ 風火家人	☳ ☲ 雷火豊	☲ ☲ 離為火	☱ ☲ 沢火革	☰ ☲ 天火同人	☲ 離(火)
☷ ☳ 地雷復	☶ ☳ 山雷頤	☵ ☳ 水雷屯	☴ ☳ 風雷益	☳ ☳ 震為雷	☲ ☳ 火雷噬嗑	☱ ☳ 沢雷随	☰ ☳ 天雷无妄	☳ 震(雷)
☷ ☴ 地風升	☶ ☴ 山風蠱	☵ ☴ 水風井	☴ ☴ 巽為風	☳ ☴ 雷風恒	☲ ☴ 火風鼎	☱ ☴ 沢風大過	☰ ☴ 天風姤	☴ 巽(風)
☷ ☵ 地水師	☶ ☵ 山水蒙	☵ ☵ 坎為水	☴ ☵ 風水渙	☳ ☵ 雷水解	☲ ☵ 火水未済	☱ ☵ 沢水困	☰ ☵ 天水訟	☵ 坎(水)
☷ ☶ 地山謙	☶ ☶ 艮為山	☵ ☶ 水山蹇	☴ ☶ 風山漸	☳ ☶ 雷山小過	☲ ☶ 火山旅	☱ ☶ 沢山咸	☰ ☶ 天山遯	☶ 艮(山)
☷ ☷ 坤為地	☶ ☷ 山地剥	☵ ☷ 水地比	☴ ☷ 風地観	☳ ☷ 雷地豫	☲ ☷ 火地晋	☱ ☷ 沢地萃	☰ ☷ 天地否	☷ 坤(地)

表 5 - 2 ●六四卦表

九二。見竜田《けんりゅうでん》に在り。大人《たいじん》を見るに利《よ》ろし。
九三。君子終日乾乾《けんけん》し、夕べに惕若《てきじゃく》たり。危うけれども咎《とが》なし。
九四。あるいは躍りて淵に在り。咎なし。
九五。飛竜天に在り。大人を見るに利ろし。
上九。亢竜《こうりゅう》悔あり。
用九。群竜首なきを見る。吉なり。

となっている（原典は漢文であり、訳は高田真治／後藤基巳訳『易経』〔文献53〕による）。爻辞の冒頭にある、初九〜上九は、それぞれ一番下の爻から一番上の爻に対応する。最後の用九は、個別の爻に当てはまるのではなく、ここでは初九〜上九の全体に関わるとされる。

さて、読者はこれを読んで意味が分かるだろうか。易経に造詣が深い読者はさておき、何を言っているのか意味が分からない、という読者がほとんどではないだろうか。まず単語の意味が分からない。それぞれの単語を理解するには、八卦の「乾」はすべて陰のない陽の爻で形成されており、「乾」が二つ重なって「乾（乾為天）」となっていること、そして、陰陽の含意は何か、といったことを把握している必要がある。そして、陰のない陽であるからこそ、乾は天や健やかといった含意があることを把握している必要がある。

こういった難しい単語や古い表現部分を理解したとしても、何やらモヤモヤとした感じが残るのではないだろうか。例えば、卦辞（乾は、元いに亨りて貞きに利ろし。）は、何となく健やかで先が開けた感じを受ける、といった受け取りはできるかもしれない。実際に、すべて陽の爻から構成される乾為天の卦辞の意味は、「望みが大いに通るだろう、心を正しく節操のある態度を保つとよい」となる。ただ、その具体的な状態となると、想像するのは難しい。

では、爻辞はどうか。初九の「潜竜なり。用いるなかれ。」は「たとえれば、地下に潜む竜、才能があっても軽々しくこれを用いることなく、修養して時期の到来を待つべきである（『易経』〔高田真治／後藤基巳訳〕より抜粋）（文献53）」となる。九二の「見竜田に在り。大人を見るに利ろし。」は、「竜が地上（田）に姿を現したように、その才徳も明らか。目上の大人に認められれば、おのれを伸ばす好機会である。（同・文献53）」となる。この初九と九二の爻辞を理解すると、何となく、どうやら「竜＝才能」の物語が語られているらしいこと、また、竜の状態の変化に伴った行動の勧めが説明されているらしいこと、が分かってくるのではないだろうか。実際に、彖伝《たんでん》と呼ばれる、卦に付記されている解説文では、「時に竜に乗り、もって天を御す。（聖人たるものは、しかるべき時々に六竜すなわち六爻の陽気にうち乗り、天道を馳駆することを得るのである。）（同・文献53）」と、竜の物語であることが示されている。

そのしかるべき時々が、六つの爻であり、初九から竜の成長の物語となっている。九三の「君子終日乾乾し、夕べに惕若たり。危うけれども咎なし。」は「君子たるもの、終日つとめはげみ、夕べにまた反省して惕《おそ》れ慎むことを忘れなければ、危ういながら咎は免れる。（同・文献53）」。九四の「あるいは躍りて淵に在り。咎なし。」は、「将来の躍進を目前にして、なお深淵に臨む時の心構えで身を慎めば咎を免れる（同・文献53）」。九五の「飛竜天に在り。大人を見るに利ろし。」は、「飛んで天に上った竜。才徳が充実し志を得て人の上に立った者にもたとえられようが、なお在下の大人賢者を得てその助けをかりることを心掛けるがよい（同・文献53）」といったように、初九から九五にかけて、竜の成長、すなわち成功する人の社会的な健やかな成長過程と、その時々で経験するであろう状況を示した物語であることが分かる。

ところが、上九となると「亢竜《こうりゅう》悔あり」、すなわち、「天を昇りつめて降りることを忘れた竜。勢位を極めておごり亢《たか》ぶればかえって悔いを残すことになる（同・文献53）」と、成長の最後に失敗が待っていることを示唆する内容となる。「成功したものは、驕ってしまい、失敗して悔いを残す」「驕れるもの久しからず」というのが自然の理である、と示されているのである。易経の著作を多く出されている竹村亞希子氏（文献55・56）は、人は皆最後には亢竜となるのが自然だから、亢竜となったときに如何に身を処すかを常に考えておく必要がある、とのメッセージを発している。この成功から一転して突き落とされるような内容は、陽が極まれば必ず陰が生じる、という陰陽の考え方が前提となっている。

最後の用九「群竜首なきを見る。吉なり。」は、爻辞全体に対して意味を持つとされ、「むらがる竜が姿を現しながらもその頭を示さぬよう、才徳をひけらかすことなく柔順で控えめにすれば吉である。（同・文献53）」という意味となる。成長過程全体にわたって維持すべき基本的な態度、そして亢竜となってしまった時に反省すべき態度と受け取ることができる。

易経にみる把握と発露

さて、易経を「型」として捉えるとき、その叡智の把握と発露は個人によって異なってよいはずである。上記の各爻辞では、高田真治氏と後藤基巳氏による解釈を提示したが、竹村亞希子氏によれば、例えば、九二であれば「目上の大人に認められれば、おのれを伸ばす好機会である」ではなく、「周りの大人を観察して真似をするのがよい」となる。大きな違いは「認められる」のか「観察して真似をする」のかとなる。同様に梶川敦子氏（文献57）では、「大人を見分ける正常な心が大切である」となる。九四でも高田真治氏と後藤基巳氏では「将来の躍進を目前にして、なお深淵に臨む時の心構えで身を慎めば咎を免れる」が、竹村亞希子氏はもっと具体的に「飛竜として自立した活動を始めると、時には周りから出る杭として叩かれて、地上に落とされるということが繰り返されるが、当初の志を忘れずに何度も挑戦すればよい」となり、梶川敦子氏では「行こうか戻ろうか迷うところであり、冷静に自分自身を見極め、自分を信じて、同時にうぬぼれに惑わされないよう注意しながら、上の人にも下の人にも穏やかに接することを忘れないようにするとよい」となる。このように、乾為天が語る叡智の把握と発露が人によって異なるのだ。

易占いにおいても、この乾為天の卦が出ると、基本的には良い意味で易者から結果を伝達されること思う。ここで、具体的なアドバイスについては、易者が自身の長年の経験をもとに、占われる側の現状を鑑み、状況に合った噛み砕いた話をすることが普通である。つまり、易者によって発露され伝えられる事項が異なってくる。そして、易者のアドバイスは、その時その場限りのものである。いわば、現在という瞬間から繋がる未来についてのアドバイスであるのだ。だからこそ、易占いに臨むにあたっては、真摯な気持ちで向かい合う必要があり、みだりに何度も占ってはいけない、ということになるのだろう。占われた側は、占いの結果を信じるのではなく、出された結果を如何に内在化して今後の生活に発露できるのかが、「宇宙・人生の神羅万象の変化」を表現する叡智の書として活用する方法なのだろう。究極的には、占われる側も易経全体を予め内在化しておく、ということが必要とされるのではないか。

易経が「型」の方法論を採用した表現と伝達の方法であると捉えたとき、易経全体が一つの型体系であり、六四の卦（及び、付随する爻辞など）がそれぞれ個別の「型」となる。型体系として内在する叡智は「宇宙・人生の神羅万象の変化」である。個別の卦は「宇宙・人生の神羅万象の変化」の様々な側面を表現している。記述されている内容は、その文面通りに収まるものではない。乾為天の爻辞では竜について語られているが、その竜の意味するところは、いわゆる「想像上の生物である竜」ではない。それは、易経を学習する本人であったり、知人であったり、占いの対象となる人であったりする。竜になぞらえて語られる内容の時期についても、何も潜竜は未成熟な印象があるから子どもが対象、といった特定の時期を表しているわけでもない。成功についても社会での出世だけを対象としたものでもない。定年後に始めた趣味の進歩になぞらえてもよいのだ。

　易経はこのような個別の「型」を六四通り並べた書である。人間や環境との関係を含意するものなど、宇宙と人生の把握に繋がる様々な卦が陰陽の考え方をベースとして表現されている。個別の卦で表現されている内容と叡智は、易経全体を把握してようやく真意を納得できるものも多い。例えば、乾為天とは反対に、すべて陰爻から構成される坤（坤為地）（上卦☷下卦☷）の卦は、乾為天を把握するためにも少なくとも押さえておくべきだろう。坤為地では、すべて陰、つまり、逆境の中で牝馬のように振る舞う生き方が爻辞として示されている。牝馬と竜の双方のシンボルを把握してこそ、乾為天の竜とは何かということをイメージできるようになる。そして、易経全体を把握したとき、そこで語られている物語は、それを内在化した者にとって、人生の指針となりうる。個別の卦で語られている以外の状況に対しても、内在化した易経の叡智を発露できるようになるのだ。この点は漢方の傷寒論と同様だ。

　六四すべての卦には、陰爻（⚋）と陽爻（⚊）が六本重なった図象と、その図象を象徴する漢字一、二文字が付随しており、卦辞と爻辞はその図象と漢字にイメージを託した内容となっている。例えば、上記の乾（乾為天）や坤（坤為地）だったり、屯《ちゅん》（水雷屯）（上卦☵下卦☳）、蒙《もう》（山水蒙）（上卦☶下卦☵）、需《じゅ》（水天需）（上卦☵下卦☰）といった具合だ（表5-2）。幕末に勝海舟がアメリカに渡った際に乗船した咸臨丸の咸と臨も六四卦で語られており、その含意から咸臨丸と名付けられた、というのは有名な話だ。話がそれたが、こういった漢字は、辞書に載っている意味に限定されて使用されるわけではなく、その時々の状況に応じて爻とともに解釈される。卦辞や爻辞で語られる内容も同様だ。乾為天の竜、坤為地の牝馬は、それぞれ象徴であって、特定の定まった意味に限定されるわけではない。このように、易経は象徴に託された記述内容のため、厳密性をもって科学のように分析的に理解するものではない。

本節の最後に、「型」の特徴に合わせて、以下に易経の特徴をまとめる。

易経の「型」の特徴

1. 特定の叡智を内在するパッケージである
↓宇宙・人生の神羅万象の変化という叡智を内在する。
2. 非分析的な把握と伝達の手段である
↓その時々の状況に応じ、神羅万象の様々な側面を、自分や対話相手と照らし合わせて把握し伝達する手段。

3. 保存的であり再現的である

↓占いの書であると同時に、儒教の五経の筆頭に挙げられ、神羅万象の変化を把握する書として二〇〇〇年以上の社会的な審判を受けており、時代に依らず再現性をもつ真実を含むと考えられる。

4. 要素間の関係性に分解すると価値を失うものである

↓それぞれの分節と文を構成する単語は関係性をもつことで意味を有しているが、厳密な定義に基づく関係性からは意味を理解することが困難であり、文全体としてはその時々の状況によって解釈が変化する。

5. 各要素の定義は変化する

↓象徴的な記号や漢字によって表現されており、その意味は状況によって異なる。

6. 内在する叡智は「型」の外でも有効である

↓その一冊に掲載されていない状況に対しても、変化を見定めることができる。

2　生命への型によるアプローチ――生命科学と記号論

本節では生命へのアプローチとして、筆者のバックグラウンドでもある生命科学を取り上げる。現在、生命科学では、解剖的、システム的、理論的、構成論的な生命へのアプローチが主流である。また、生物や構成要素を客体化するのではなく、それぞれの生物や構成要素の主体性に焦点を当て、主体を中心に据えて生物の理解を目指す記号論的アプローチもある。こういった事例を紹介しながら、生命に対して「型」を用いてどのようにアプローチできるかについて考えたい。生命科学研究全体の動向については、補章5にて補うので、参照いただきたい。

解剖的アプローチ

解剖的アプローチは、いわゆる分析的なアプローチである。例えば、ヒトの身体というものを解剖していくと、細胞↓細胞内器官↓ミトコンドリア↓脂質分子やタンパク質といったように解剖できる（図5-1）。このタンパク質の役割を調べると、ATP（生体のエネルギー通貨）を合成する機能があることが判明し、ミトコンドリアにはATPを合成する機能がある、つまり、ヒトの細胞と身体はATPを合成できるという結論が導かれる。対象とする構成要素の、上位または下位の解剖要素に対する役割が、解剖的アプローチで理解できる内容となる。

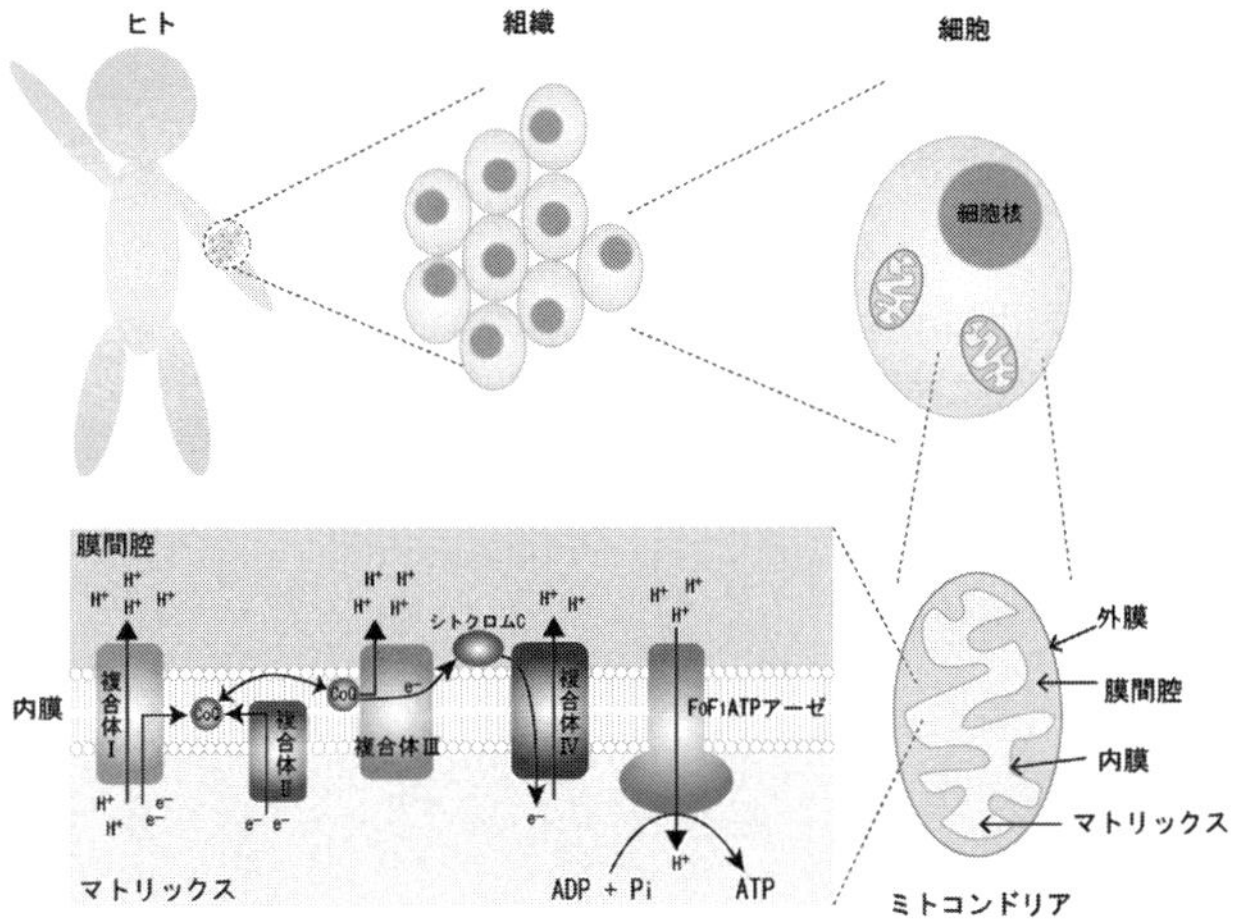

図5-1●解剖的アプローチの例。詳細は本文参照。

解剖した要素間の関係から生命現象を説明することも、解剖的アプローチの特徴である。例えば、ATP産生を生命現象と捉えたとき、ミトコンドリアの膜を解剖することで、複合体I、複合体II、複合体III、シトクロムC、複合体IV、F_0F_1ATPアーゼといったタンパク質を同定し（これらのタンパク質から構成されるシステムを電子伝達系と言う）、複合体I〜複合体IVまででミトコンドリア膜の外にプロトン（H^+）が放出され、そのプロトンが膜の外からF_0F_1ATPアーゼを通って内側へ流れる時に、ATPが産生されるといった説明だ（図5-1）。

生命科学研究の中では、解剖的なアプローチに最も多くの研究者が携わっている。日本人のノーベル生理学・医学賞の対象となる研究成果も、すべてこのアプローチをメインの検証結果として用いている。例えば、利根川進氏の「抗体生成に関する遺伝的原理の解明（一九八七年）」は遺伝子DNAという解剖要素から抗体タンパク質が生成される原理を解明した。山中伸弥氏の「様々な細胞に成長できる能力を持つiPS細胞の作成（二〇一二年）」は、候補遺伝子群から細胞機能をリセットし、細胞の万能性を回復するのに必要な組み合わせを見つける、という細胞現象と遺伝子要素の解剖結果からの成果だ。大村智氏の「線虫の寄生によって引き起こされる感染症に対する新たな治療法に関する発見（二〇一五年）」も、微生物の生産する有用な天然有機化合物という要素を探索し、実際に感染症に効果があるか、そして、その効果は解剖要素の何に影響を与えたのか、を明らかにした結果である。大隅良典氏の「オートファジーの仕組みの解明（二〇一六年）」は、細胞でオートファジーという現象を発見し、その現象が起こる仕組みを遺伝子やタンパク質といった構成要素から明らかにしたものである。そして、本庶佑氏の「免疫チェックポイント阻害因子の発見と癌治療への応用（二〇一八年）」は、細胞の癌化を促進する遺伝子や、また、抑制する遺伝子を見つけ出し、その遺伝子の機能を解析し、治療薬を開発する活動の成果の一環だ。

白衣を着て研究室で実験をしている生命科学のイメージは、ほぼこの解剖的アプローチと言ってよい。生命現象や生命現象を成立させる構成要素の役割、要素間の関係性などが明らかとなっていき、まるで辞書や事典が編纂されていくような成果を得ることができる。そこで、せっかくできた辞書や事典を使って、生命の振る舞い全体を理解しようというのが次のシステム的なアプローチである。

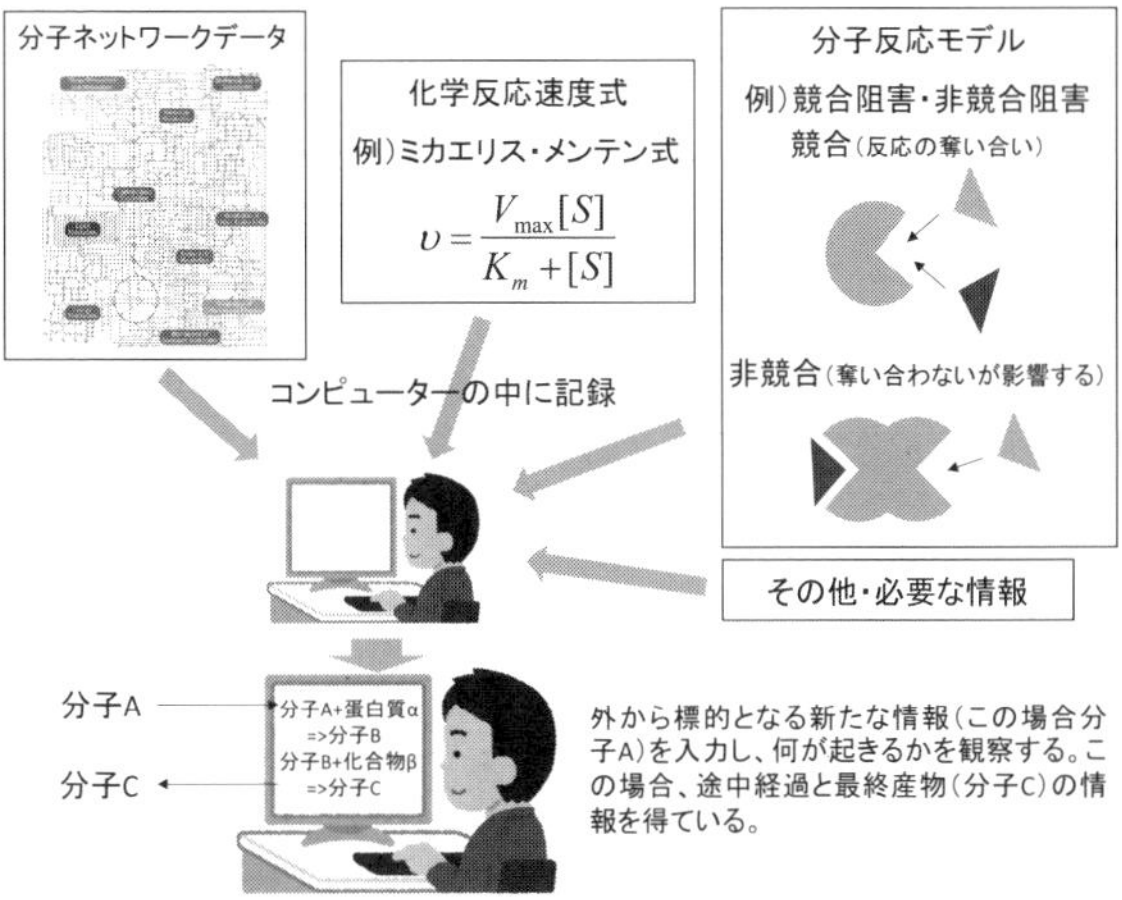

図5－2●システム的アプローチの例。詳細は本文参照。

システム的アプローチ

システム的アプローチでは、特定の機能に着目し、それを構成する一連の要素が、着目した機能をどのように実現するかをみる。主に、特定の機能をもつシステムをコンピューターで再現して検証する（図5-2）。例えば、糖といった代謝系を構成する分子の役割を、分子間相互作用の規則とともにコンピューターに記憶させる。そして、外からの特定の糖をインプットとして加えたときに、中の個別要素の振る舞いと、ATPといった代謝産物量の変化といったアウトプットを解析し、糖代謝系というシステムの振る舞いを理解する。

　システムは一つの機能単位なので、別のシステムとリンクさせ、システム総体としての生命へアプローチすることになる。例えば、ヒトをシステム的なアプローチで理解しようとすれば、ヒトを機能単位として分解してそれぞれをシステムとして捉え、さらに、システム間にヒエラルキーなどの関係性を持たせて、システム総体としてのヒトへアプローチすることになる。

システムの複雑系的な振る舞いの理解といったアプローチもこのシステム的アプローチに含まれる。要素同士の関係やシステム間の関係は、コンピューターが理解できるように、数式やアルゴリズムで記述する必要がある。このことは、次の理論的なアプローチと関わってくる。

理論的アプローチ

理論的なアプローチでは、自然現象に物理化学法則を当てはめて要素の振る舞いを演繹的に理解する、または、実験や観察の結果を帰納的に数式や論理式に落とし込む、といった二つのアプローチがある。前者では、ミカエリス・メンテンの化学反応平衡式を当てはめて、タンパク質同士や代謝産物の産生量を理解するなどがある（図5-2）。後者では、動物（魚、チーター、ライオンなど）の表面模様の経時変化観察を元に、遺伝子発現のパターンの数式を導くといった例がある（図5-3）。遺伝子の進化を論じる分子進化でも、これまでに起きた様々な遺伝子突然変異を統計的に解析して、突然変異の入る速度や確率が解析されて数式化されており、その数式を用いて対象となる遺伝子の進化過程を理解するという方法がとられる。

これらの理論的なアプローチでは、演繹的なものでは理想条件以外の環境を考慮しない、また、帰

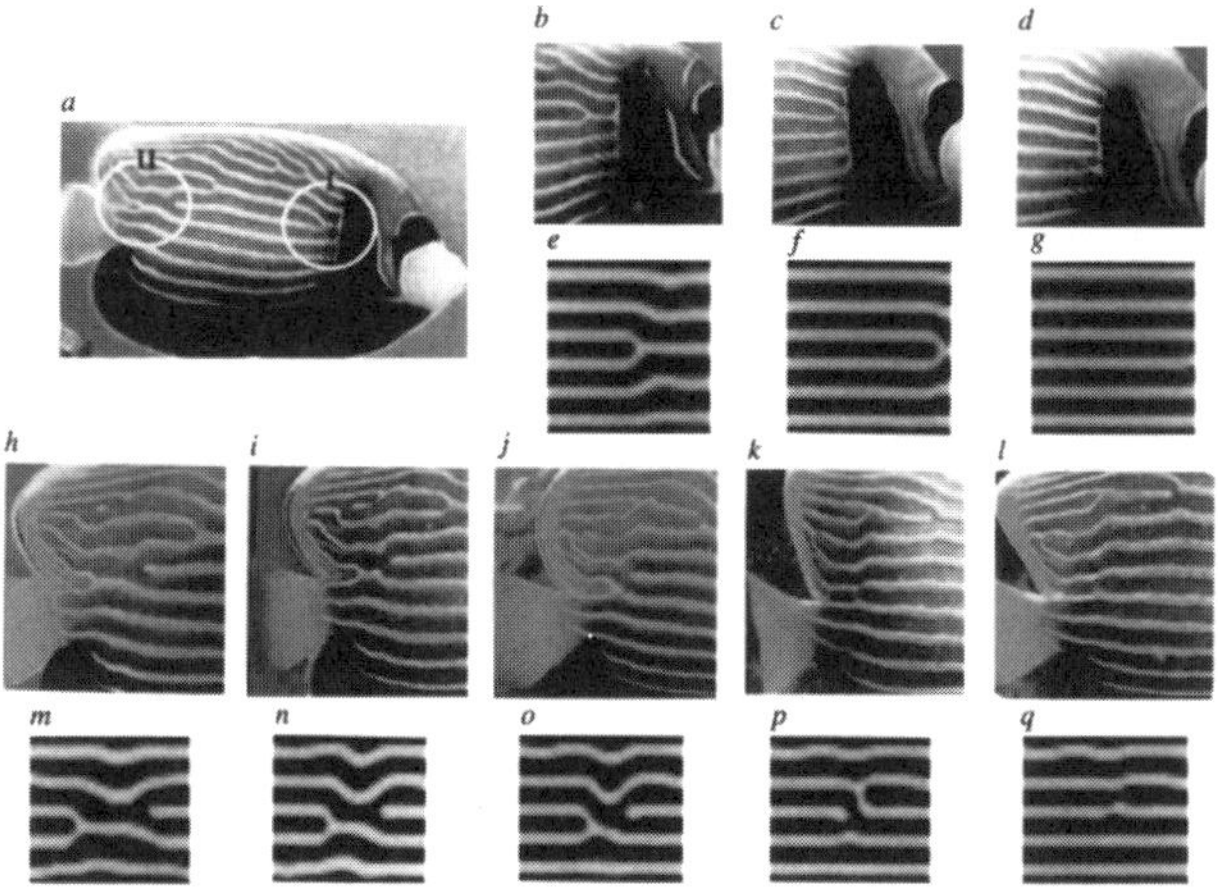

$$\frac{dA}{dt}=c_1A+c_2I+c_3-D_A\frac{d^2A}{dx^2}-g_AA,\ \frac{dI}{dt}=c_4A+c_5-D_I\frac{d^2I}{dx^2}-g_II$$

図5－3●理論的アプローチの例。写真のような魚の表面模様はチューリング・パターンと呼ばれ、反応拡散方程式（上記）によって説明ができる。上記式ではAが模様を付ける活性化分子の濃度、Iが活性化分子の阻害分子の濃度、D_AとD_Iはそれぞれの分子の拡散係数、g_Aとg_Iがそれぞれの分子の崩壊係数である。上記式は模様の変化を説明している。b,c,d,h,I,j,k,lが実際の魚の模様の変化、e,f,g,m,n,o,p,qが反応拡散方程式によるシミュレーション結果である。
図と数式は、Shigeru Kondo & Rihito Asai. "A reaction-diffusion wave on the skin of the marine angelfish *Pomacanthus*", *Nature* volume 376, pp. 765-768 (1995) より転載。

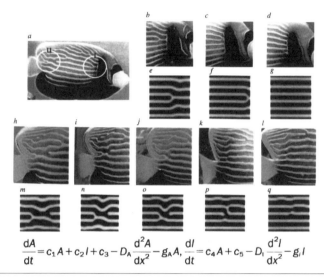

納的なものでは一定条件下の一定のサンプルから得られた結果からの推論となるので、実際に起きていること、または、起きたこととの誤差はどうしても生まれることになる。

以上の三つのアプローチは、実際の研究活動では、それぞれ独立して実施されるわけではない。システムや理論的なアプローチの結論は、もう一度解剖的アプローチによって検証し、実際にシステムや理論が正しいことを証明しなければ、ただの空論となる。解剖的アプローチから見ても、辞書編纂を積み重ねていくだけでは、個別の事象についての理解が深まるだけで、生命体を支える原理が見えてこない。システム的なアプローチには、その要素間およびシステム間のクロストーク（混線）について理論的なアプローチが必要だし、理論もそれをシミュレートし検証するためのシステム的アプローチを必要とする。

構成論的アプローチ

これら三つのアプローチと少し異なるのが、構成論的アプローチである。このアプローチでは、生命の特徴ともいえる機能や振る舞いを、なんらかの物理的な構成要素で作ってしまう（図5-4）。例えば、「細胞は分裂する」という生命の特徴を、適当に部品を集めて再現してしまおうという試みである。

この時、細胞は細胞膜によって内外を区分できる、細胞の分裂と共にゲノムという遺伝構成要素が

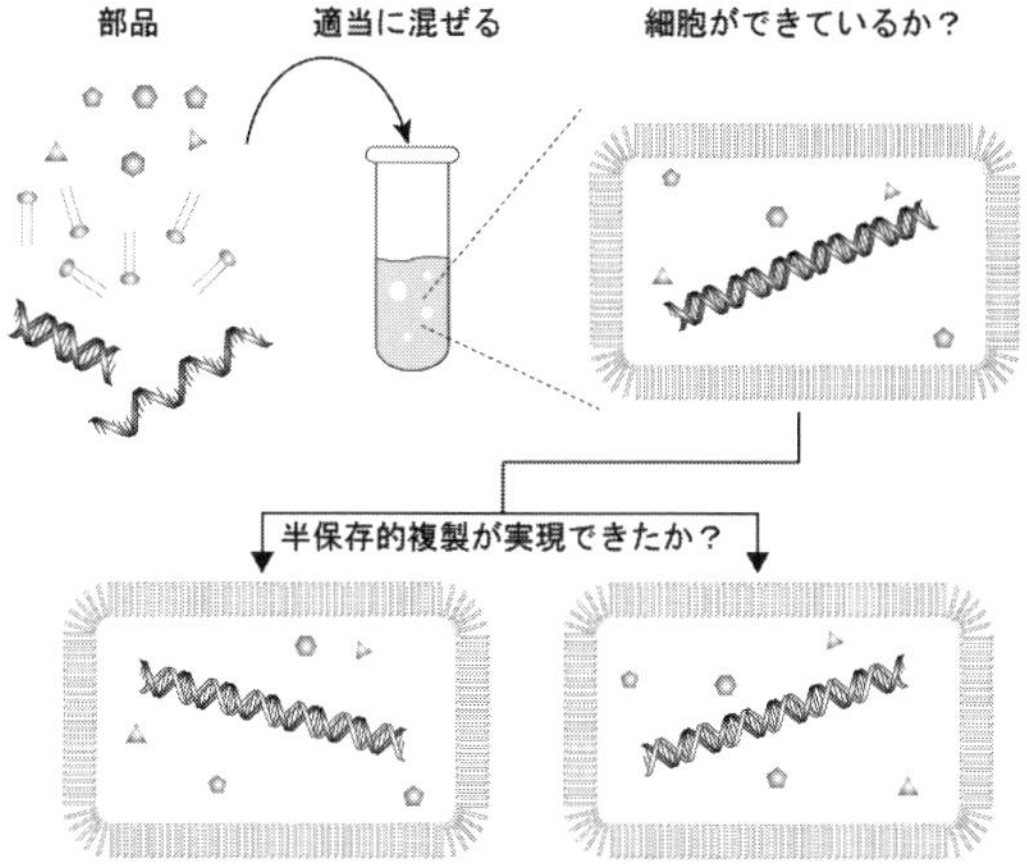
部品
適当に混ぜる
細胞ができているか？
半保存的複製が実現できたか？

図５－４●構成論的アプローチの例。詳細は本文参照。

半保存的に複製される、といった現実の生命に即した条件が付加される。そして、このような条件を満たす「分裂する細胞」というものを作ってしまおう、ということである。もちろん、物理的に細胞膜は脂質が主要構成要素で、ゲノムはＤＮＡが主要構成要素なので、脂質とＤＮＡを使うというのは自然な発想かもしれないが、「分裂する細胞」「半保存的に複製するゲノム」という条件を満たすのであれば、何も脂質とＤＮＡを使う必要はない。シリコンを骨格とした別の化合物でもよい。生命が示す特徴を何らかの形で再現すればよいのだ。使用する構成要素の数、要素間の関係原理についても、気にしなくてよい。いわば、適当に要素をぶち込んだグチャグチャ状態からスタートして生命の特徴を再現する。

そして一旦、生命の特徴を再現できた後、作ったものの中で起きていることを分析し、生命の特徴を生み出す原理を紐解くのである。もちろん、実際の生物を構成するタンパク質、脂質、ＤＮＡといった物理的要素に基づく再現が自然だが、この構成論的アプローチでは、そこにはこだわる必要はないということがミソである。極論すれば紙と針金を使用してもよい。生命の示す特徴を何らかの形で再現すればよいのだ（もちろん、最初から生命を構成する物理的構成要素を用いた構成論的アプローチ研究が多いのも確かだが）。このアプローチは、近年盛んになりつつあるアプローチで、将来的には、上記三つのアプローチとともに生命の原理を探る一角となりうるものである。

記号論的アプローチ

近代科学では、人間中心の視点で生物を捉え、仕組みを理解し、評価する、ということが重ねられてきた。上記に挙げた生命科学の各手法も、基本的には人間を中心に据えた取り組みである。このような中で、一九三四年にヤーコプ・フォン・ユクスキュルは『生物から見た世界』（文献１）を発表し、個別の生物を主体に据えた生物学を提案した。ユクスキュルは、

生理学者にとってはどんな生物も自分の人間世界にある客体である。生理学者は、技術者が自分の知らない機械を調べるように、生物の諸器官とそれらの共同作用を研究する。それにたいして生物学者は、いかなる生物もそれ自身が中心をなす独自の世界に生きる一つの主体である、という観

点から説明を試みる。（文献1、一三頁）

主体が知覚するものはすべてその知覚世界（Merkwelt）になり、作用するものはすべてその作用世界（Wirkwelt）になるからである。知覚世界と作用世界が連れだって、環世界（Umwelt）という一つの完結した全体を作り上げているのだ。（同、七頁）

と述べており、人間を中心に据えた従来の生物の理解から、個々の生物の主体性を中心に据えた（新しい）生物の理解へと視点を移している。著書の中では、ゾウリムシ、ダニ、ハエ、蜘蛛、魚、鳥、犬などなど、様々な生物が生きる環世界が紹介されている。本書では詳しく説明しないので、興味ある読者は是非ご一読いただきたい。

個々の生物の主体性を中心に据えるだけでなく、その構成要素、生命現象、環境まで拡張して主体として据える試みが出てくるのも自然であったように思う。一九九三年には、ジェスパー・ホフマイヤーが『生命記号論』（文献58）を発表し、「生物圏を研究するには他のどの方法よりも、記号圏という側面からのアプローチをとるべき（同、一二頁）」との立場から、進化、生態、細胞、といった様々な生物の側面を記号論をもって解釈した。日本においても、二〇〇六年に川出由己氏によって『生物記号論』（文献3）が発表され、「生物は主体として目的をもって生きる存在であり、それは物質の世界にありながら意味の世界を創出することだ。（中略）意味を具体化するのが記号・記号作用であり、生物記号論は生物を無生物から区別する〝生き物らしさ〟を解明することを求めます。（同、二八頁）」という立場から、生物を構成する分子の世界を主体に据えた生物現象の解釈が試みられた。

一概に、記号論といっても、言語学を根とするソシュール学派と、科学哲学を根とするパース学派が歴史的には二大潮流を形成し、それぞれ、記号の扱いや考え方に相違もある。一九世紀後半から積み重なりのある学問分野であり、言語、文化、社会、自然、環境など様々な対象が取り扱われてきた。こちらも本書では詳しく説明しないので、入門書としては以下の文献を参考にしていただきたい（参考文献：ソシュール学派→文献59、パース学派→文献60）。

ここでは、記号論における専門的な言葉の使用法は脇に置いておき、主体性を中心に据えた際に、なぜ記号論が有用か最小限の説明をしたい。記号論で登場する基本的な要素は、「記号そのもの」「記号が示す対象」「記号を解読・解釈する存在」の三つである（図5-5）。「記号そのもの」は、その意味に関わりなく記号そのものを担うものである。例えば「リンゴ」という文字自体が記号となる。「記号が示す対象」は「記号そのもの」が示す対象である。例えば「バラ科リンゴ属の落葉高木樹の果実」だったり「IT企業の企業ロゴの絵」であっても良い。この「記号そのもの」と「記号が示す対象」を繋ぐ、つまり「リンゴ」が示す対象が「バラ科リンゴ属の落葉高木樹の果実」なのか「IT企業の企業ロゴの絵」なのかを解読・解釈する存在と過程が必要であり、これが「記号を解読・解釈する存在」である。この「記号そのもの」は何も文字である必要はない。例えば、「記号そのもの」

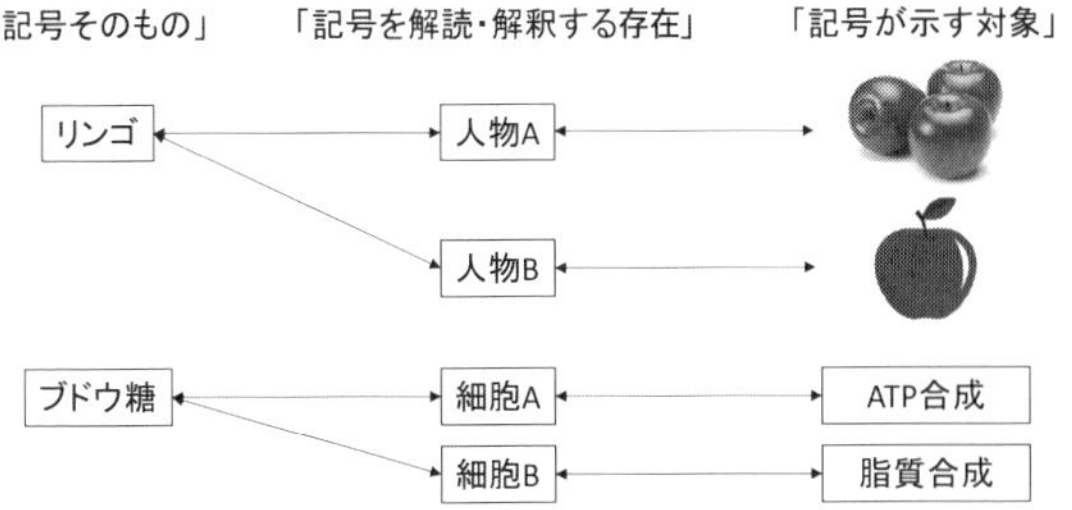

図5－5●記号論における「記号そのもの」「記号を解読・解釈する存在」「記号が示す対象」の関係。

が「カラ咳」で、「記号を解読・解釈する存在」が「医者」であり、「記号が示す対象」が「ウイルス性の感染症」、であってもよいのだ。

主体性を考えるとき、ポイントとなるのは、「記号を解読・解釈する存在」である。その主体が如何に対象となる「記号そのもの」と「記号が示す対象」を結びつけるのか。ここにこそ、主体性が発揮される余地が発生し、「記号そのもの」と「記号が示す対象」の間に意味を生み出す。そして、「記号を解読・解釈する存在」は何も人間である必要はなく、犬や猫であっても、細胞やタンパク質であっても大丈夫だ。例えば、「記号そのもの」が「ブドウ糖」で、「記号を解読・解釈する存在」が「細胞」であったとすると、「記号が示す対象」は「ATPの産生」、といった構図が成立しうる。主体となる「細胞」が「ブドウ糖」を如何に解釈するか、という見方だ。もちろん、「細胞」の「ブドウ糖」に対する解釈が、時によっては「脂質の合成」となる場合もある。実際に、過剰な「ブドウ糖」を細胞が取り込むと、「ATP合成」が起こらず、代わりに「脂質の合成」が誘導される。このように、「記号を解読・解釈する存在」として主体を位置付けることで、主体の立場における現象の意味づけが可能となる。記号論によって、様々な主体に焦点を当てた事物の見方が可能となったのである。

一方で、これが一般的な科学的研究活動であれば、本書で述べてきたように、一意的な要素の定義の共有、ということが大切になる。記号論でいえば、「記号を解読・解釈する存在」の如何によらず、常に「記号そのもの」と「記号が示す対象」の関係が一つだけ定められており、その関係は変更なく共有されている、ということになる。この時、主体が科学者であれば科学者の間で、主体がコンピューターであればコンピューターの中で、それぞれ「記号そのもの」と「記号が示す対象」の間の一意的な関係が崩れることがないということだ。つまり、厳密性をもって科学的叡智を共有する場合、記号論による主体は重要ではない。主体を移す重要性は、個々の主体にとっての事物の〝意味〟を考える場合に生じるのである。

「型」的アプローチによる生命の把握

さて、「型」に視点を移して、上記で解説した各アプローチと比較してみたい。「型」は、非分析的、非論理的、非法則的という点（第3章表3-1）で、解剖的アプローチと理論的アプローチとは相いれない。また、システム的アプローチも、システム自体が要素の集合体であり、要素同士の関係性の上に成り立つということで相いれない。一方、構成論的アプローチは、生命の特徴を何でもよいので構築するという点において、非分析的、非論理的、非法則的であり、「型」のアプローチに近い。

「型」と構成論的アプローチの違いは、一旦作ったものの要素を定義し、分析的な理解を要求するか否かという点にある。構成論的アプローチでは、例えば上記で触れた「分裂する細胞」ができあがった後で、できた細胞を解剖的、システム的、理論的に解析し、「細胞が分裂する」原理の客観的理解を目指す。一方で、「型」の場合、「細胞が分裂する」原理の把握は個々人にまかせておき科学的な追求はしない。一つの「分裂する細胞」で各人が原理を把握できなかった場合、別の異なる「分裂する細胞」を別途つくる。複数の「分裂する細胞」をただ並べていくだけである。そして、ある時、「細胞が分裂する」原理の把握を試みた個人が納得した段階で「型」でのアプローチは終了する。このような個人が複数いた場合には、個人により「細胞が分裂する」という原理を納得するセットが異なるだろう。その場合、何が共通で、何が個人に依存しているのかが分別され、時には、「分裂する細胞」の改変も起きる。こういった個人依存把握の集合体として、「細胞が分裂する」ということを把握するための「分裂する細胞」が成熟し、多くの個人が納得できる「型」として成立していく。そして、「細胞が分裂する」原理を表現した「型（ここでは分裂する細胞）」を受け取る側は、分析的な理解ではなく、「型」を通じて「細胞が分裂する」原理を把握し内在化するのだ。

この「分裂する細胞」という「型」とは別に、「ゲノムは半保存的に複製される」だったり、「オスとメスから子どもができる」といった「型」のセットができていき、ゲノムの半保存的複製〜細胞の複製〜子どもの誕生、といったことを体系的に把握できる型体系を生みだすことができる。それぞれの「型」に生命を把握する叡智が含まれており、その型体系の中で叡智を把握することが可能となるだろう。

生命科学への発露

もし「科学者として、これでは物足りない」ということであれば、生命の「型」によって内在化した叡智を、第4章で述べたように「発露」することで、新たな科学的なアプローチを開始すればよい。これは何も、構成論的アプローチのように、作成した「型」の分解を通じて生命を理解する、ということに留まらない。むしろ、ある生命の「型」によって「生命とは何か」を把握した研究者であれば、その「型」の範疇とは別の生命の範疇に対する科学的アプローチを思いつくはずだ。「分裂する細胞」によって生命とは何かを把握したのであれば、「分裂する細胞」に対する科学的アプローチに留まらず、例えば、「生命の進化」であったり「集団としての生命」といった事項に対して、新たな科学的アプローチを思いつく可能性があるということだ。

「型」において、内在化した叡智は「型」の外でも有効であった。つまり、「型」による叡智の把握が、科学者に対して、その「型」の枠組みの外で発揮される創造性をもたらすはずなのだ。筆者は、現時点で、これ以上具体的にどんな生命の「型」がどんな生命の叡智を内在化させ、それが、生命の別の側面の科学的アプローチに気づきを与えるか、を明言できる能力はない。ただ、それぞれの科学者個人が、「型」的アプローチで生命現象に迫ることを繰り返す先に、これまでは思いもつかなかった生命へのアプローチが創造されるのではないかと思っている。

「型」的アプローチにおける主体性の発揮

主体性についてはどうだろうか。記号論的アプローチでは「記号を解読・解釈する存在」が主体性を発揮し、「記号そのもの」に対して「記号が示す対象」という意味を付与する。これは、第4章における「型」の叡智の活用で述べた、「叡智を把握して内在化している人」が主体性を発揮し、「事物A」に対して「事物B」を発露するという構図とよく対応する。少し生命から離れるが、俳句や短歌などは、まさに記号論と「型」の構図が重なる。詠人という主体が「記号を解読・解釈する存在」であり「俳句・短歌の叡智を把握して内在化している人」である。この主体が、「記号そのもの」となる風情（事物A）に託して、「記号が示す対象」となる心情（事物B）を主体の発露として詠い上げる。この場合、主体が各個人である、というところが記号論的アプローチと「型」的アプローチを重ねて論じることができる理由である。本書では「型」を叡智の表現と伝達の方法であると位置づけ、「型」における主体性の発揮を各個人に限定して説明してきた。では、「型」的アプローチでは、記号論のように、主体性を発揮する対象を人間以外の存在へと広げることができるのだろうか。

記号論において、「記号そのもの」、「記号の示すもの」、「記号を解読・解釈する存在」は、それぞれ客観的に理解できるものとして提示される。つまり、主体性が発揮される場面自体の変化は認めているものの、対象の在りかや発揮される主体性の内容に関しては、科学と同様に個人から切り離して理解できるのだ。一方で、「型」の場合、対象となる主体性の発揮自体を、あくまで各個人が内在化することで把握しなければならない。つまり、個人という主体の中に、別の主体を内在化する必要があるということだ。猫を例として挙げるならば、我々自身が猫という主体を内在化しなければ、猫を把握することができない、といった感じだ。これは無理であろう。たとえ、これが猫だという「型」を創出できたとしても、それは、すでに人間という主体を通した「型」であるので、主体は各個人にあり、猫にはない。極論すると、猫を内在化するには、猫に変身しなければならないのだ。

現時点で、これは実現不可能であろう。このあたりが「型」によるアプローチの限界、つまり、主体を各個人から切り離すことができない、という「型」の弱点となる。一方で、完全に内在化しなくてよいのであれば、すでに我々は自分と異なる主体の内在化を行っている。例えば、演劇等において、登場人物を模倣するという行為は、演じる役者が自身とは異なる主体を内在化する試みであろう。もし、登場人物が現実の人物で、その人物が「まさにこれは私である」との評価を下すのであれば、それは、まさにその登場人物の「型」であると言ってよい。妊婦や高齢者などの生活を把握するために、様々な器具を使って自身に身体的な不自由さを模倣させ、実際に活動をすることで彼等の生活を把握する、といった追体験イベントが各所で開かれている。これなど、まさに自分とは異なる主体を内在化させる試みではないだろうか。もし、妊婦や高齢者が、使用する器具を確認し、自分達の置かれている不自由さと同一である、との評価を下すならば、それは、まさに器具を使用した「型」と言ってよい。含まれる叡智は「妊婦や高齢者の世界」である。また、ハンディキャップを抱える人へ身体論的にアプローチし、実はそのハンディキャップにより、健常人がもたない身体感覚や環境との関わりが良い意味で生まれているといったことを、伊藤亜紗氏は指摘しているが（文献61）、「型」によってハンディキャップの世界を表現することで、これまで健常人が発達させることができなかった身体と、そしてその身体を通じた世界との繋がりをも叡智として内在化できるようになるかもしれない。このように、主体となる個人が対象となる主体を内在化できるような「型」を構築できれば、「型」により他の主体を把握することが可能だ。

主体の問題は、完全に別の主体に自身を同化できない、という点で「型」によるアプローチの限界ではある。一方で、この限界を理解した上で、何を「型」によって表現伝達するのか、そして、どこまで対象となる主体と同化する必要があるのか、を見定めることができれば、「型」によるアプローチは人間や生命のみならず、哲学的な実存や存在といった問い、ひいては現実に起こる様々な問題に対応する方法となるのではなかろうか。

生命科学を刷新しうる創造性とは

本章第2節で論じた生命科学自体は「型」の必要条件を充たさない。それゆえに、「型」の特徴に合わせて生命科学を方法論として提示することはできない。本節は、「型」の要求を満たさない方法論に対して、「型」としての視点を導入した場合、新たに拓けると考えられるアプローチの提案であった。そこにはいわば、主体への「生命とは何か」という叡智の内在化と、その叡智の発露による、新たな科学的アプローチの創造性の獲得、とでもいうべき効果があることを説いた。

それでは、こういった創造力は、どのような営為を通じて涵養できるのか。次章ではこの論点について、ビジネスの世界で話題となっているデザイン思考とアート思考に焦点を当て、「型」による表現と伝達という観点で論じる。

補章5 ……… 生命科学研究の半世紀

生命科学のパラダイム

パラダイムや科学革命という言葉は、ずいぶんと使い古されている感はある。トーマス・クーンによれば、パラダイムは「ある科学者集団が共有しているもの」であり、その時代の科学者集団が意識的にも無意識的にも依拠する基礎となる考え方や事物の見方である。科学者は、日常的には、このパラダイムに従って研究活動を行う。これをクーンは「通常科学」と呼ぶ。当然、あるパラダイムの観点では説明できない事項が蓄積していくことは自然であり、ある時まったく新しい基礎が提案され、それが科学者集団に受け入れられ、定着した場合には新たなパラダイムが生まれる。クーンはこのパラダイムの置き換えのことを「科学革命」と呼んだ。有名なところでは、天動説から地動説への移行と古典物理学の確立、そして、古典物理学から相対性理論といった近現代物理学への転換などが挙げられる。この「パラダイム」や「科学革命」については、第3章でも少し紹介したが、ハーバード・バターフィールドによる『近代科学の誕生』(文献35)、トーマス・クーンによる『科学革命の構造』

（文献36）に詳しい。

筆者の専門分野でもある生命科学においては、現在まで続くパラダイムの形成は、一九六四年のジェームズ・ワトソンとフランシス・クリックによるDNA二重螺旋構造モデルの提案、その後に続く、セントラルドグマの提唱にさかのぼることができる。DNA二重螺旋構造モデルは、遺伝という概念を担う物理的実体がDNAという物質であることを決定づけた提案である。提示されたDNA二重螺旋構造モデルが、メンデルがエンドウで示した遺伝の法則を担う遺伝子の実体がDNAであること、そして、生物が示す半保存的複製という特徴を見事に説明したのだ。セントラルドグマは、遺伝情報の流れはDNAからRNAへ、RNAからタンパク質へと流れ、逆流することはないという原理であり、第3章で触れたように修正は加えられてきたものの、遺伝情報と生物の体の物理的な基本構成要素であるタンパク質との間の橋渡しがなされた。つまり、遺伝という情報または概念と、身体という物理的実体が繋がったのだ。

これ以降の生命科学は現在まで「通常科学」である。「科学革命」は一般的にも派手で分かりやすい一方で、「通常科学」は一見地味で革新性に乏しいようにも見える。だからといって「通常科学」としての生命科学に価値がないのではなく、一般的にも有名な、遺伝子組み換え技術、遺伝子治療、ゲノム編集といった、様々なテクノロジーが生命科学研究の成果として生み出されている。一度パラダイムが定まった後で、そのパラダイムから生まれる多くの革新的な成果は、「通常科学」の営みから得られるものなのだ。

通常科学としての生命科学研究

二〇二一年現在、生命科学は、全世界で年間一四〇万報以上の論文が発表され、産官学民にまたがる大分野となっている。上記のようなエポックメイキングなテクノロジーの創出に焦点を当てられがちだが、研究の世界では日々多くのテクノロジー・概念・課題などが生まれている。あるものは認知され研究者集団のみならず社会にまで影響を与え、ノーベル賞の受賞対象になる一方、多くのものは人知れず消えていく、といった現状だ。

筆者は、科学計量学という、科学の活動を、論文数・論文被引用数・特許数・研究開発費など、数量化できるものから紐解いていく分野の研究も専門とする。特に、日々萌芽するテクノロジー・概念・課題などの「萌芽的研究トピック」に焦点を当て、過去半世紀の生命科学研究の動向や研究が萌芽する原理についての研究を進めてきた（文献62）。一九七〇年以降に出版された生命科学関連論文約三〇〇〇万報の解析から、どの年代にどのようなトピックが盛んに萌芽したのかといった、生命科学の研究内容の変遷についてまとめたのが図補5-1である（文献63・64より改変）。

この状況をみていただくと、生命科学研究は第5章で示した五つの視点のうち、科学的な三つの視点（解剖的、システム的、理論的）が主流であり、構成論的アプローチや記号論的なアプローチはマイ

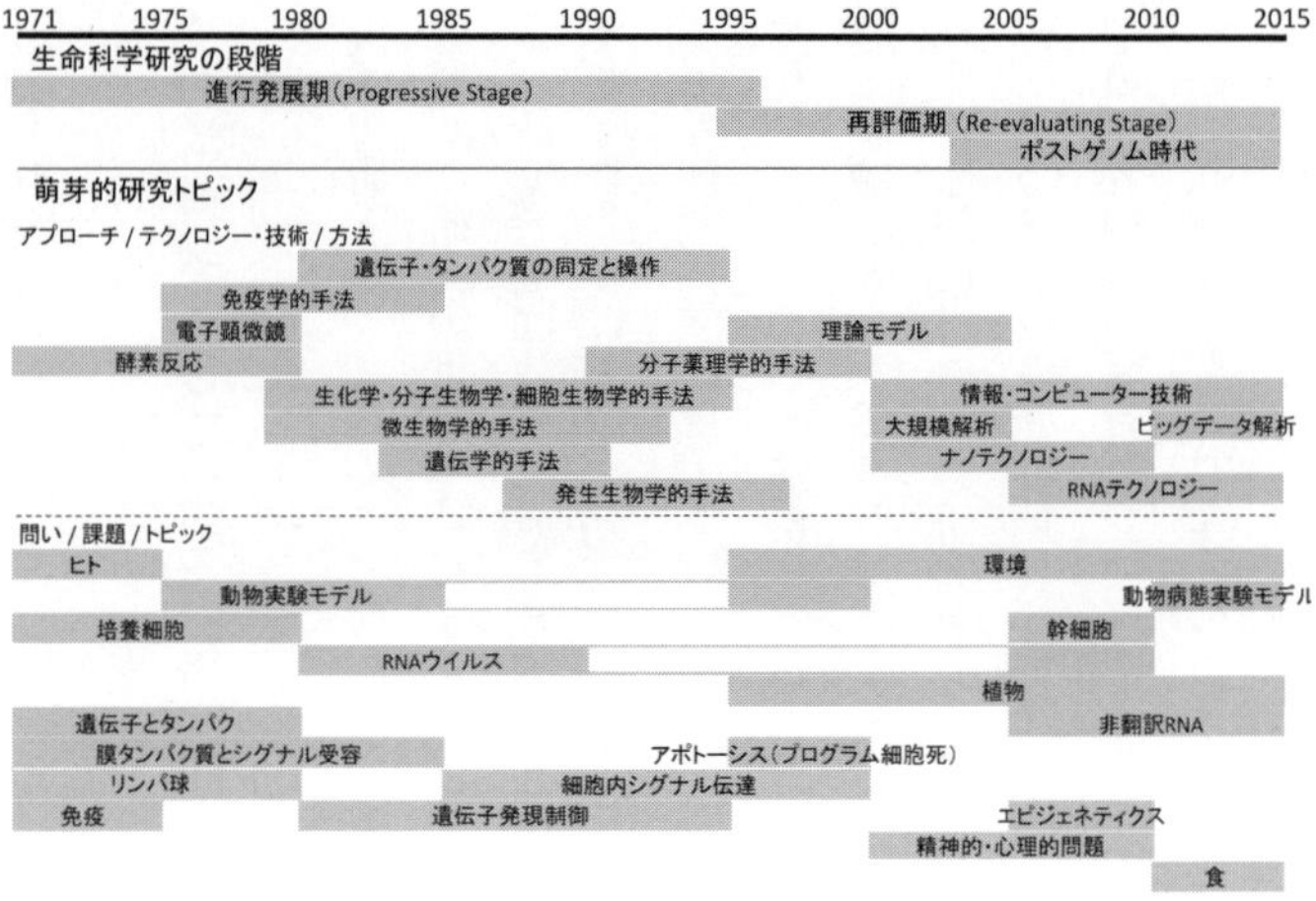

図補5－1●1970年代以降の萌芽的トピックからみた生命科学研究の展開。白抜き部分は下火な状態を表す。

ナーであることが一目瞭然だろう（構成論的アプローチや記号論的アプローチの要素が活発な萌芽的トピックとしてデータに上がってこない）。全体の流れとしては、一九六〇年代にセントラルドグマが提唱された後、生命科学の発展は大きく二つのステージに分けられる、というのが筆者の解析結果からの結論である。

一つ目が進行発展期（Progressive Stage）で一九九〇年代半ばまでとなる。この時期の発展を支えたのは、九〇年代前半までつづく、微生物学、遺伝学、生化学、分子生物学といった領域で発展した、遺伝子やタンパク質の同定と操作の技術、そして、それらを応用した細胞操作技術の発展であった。このころまでは、例えば、新しい遺伝子DNAやタンパク質を同定し、その機能の一端を明らかにすると、明らかとなった遺伝子や機能自体が新しい概念であったり技術であったりすることが大変多かった。つまり、研究して何か生命を構成する部品と役割を見つければ、それだけ生命という辞書に新しい項目が書き加えられていった時期だ。

一九九〇年代中ごろからは、再評価期（Re-evaluating Stage）と呼ばれる、次のステージへと移行し、現在まで続いている。ここでは、新しい部品や機能ではなく、古くから知られていた部品や現象に対して、それまでに培った新しい技術によってアプローチすることで、役割やメカニズムを紐解いていく、といったことが盛んに萌芽するようになる。例えば、二〇〇六年にｉＰＳ細胞を報告した山中伸弥氏の研究も、そのオリジナルとなる現象が、一九六〇年代にジョン・ガードン氏が実施したカエルの細胞核の移植研究に端を発することは有名であり、二〇一二年に山中氏とともにノーベル生理学・医学賞を授与されている。

そして、一般的には、生命科学研究のステージというと、二〇〇三年にヒトゲノム解読計画の完了宣言に端を発するポストゲノム時代というのが有名だろう。遺伝子ＤＮＡという部品の解読がすべて終了したので、未解明であった様々な生命現象や機能を一気に解き明かすことができるのではないか、という淡い期待とともに始まった時代である。現在では、ゲノムが解読できたところで、ヒトという生物をすべて説明することはできない、というのが主流の風潮であるが、それでも、蓄積したビッグデータと個別遺伝子の知見を、テーラーメード治療やプレシジョン・メディシン（患者の細胞を遺伝子レベルで分析し、適切な薬のみを投与し治療を行う精密な医療）といった先端医療技術の開発へ活かそうとする動きは活発だ。

ゲノムの解読自体は、最初はインフルエンザ菌（インフルエンザウイルスとは全く別の細菌。インフルエンザ患者から同定されたためにインフルエンザ菌と名付けられたが、後年になってから同定された細菌は二次感染の結果であったことが判明している。インフルエンザウイルスとは生物種としては関係がない）の全ゲノム配列が一九九五年に解読されたことに端を発している。当然、そのころから、研究者たちが個別部品を明らかにする研究態度からの脱却を始めていても不思議ではないだろう。ちょうどこの時期が、筆者が説く再評価時代の幕開けと重なる。そして、二〇〇〇年ころには、ポストゲノム時代の到来に合わせて、様々な情報・コンピューター技術や、大規模解析技術がすでに萌芽していたことが、筆者の結果からも読み取れる。

現在、世界的にも、生命科学の研究は、基礎研究から応用・実用研究を重視する方向へとシフトしている。また、年々一つの研究テーマに必要な人的資源と研究開発費用が増加している現状でもある。この状況が、基礎研究、つまり、生命の原理を紐解くための研究やその方法論の開発が行き詰まりを見せたために起きているのであれば、憂慮すべき状況である。また、筆者らの最新の研究によると、広く研究者や社会を惹きつける研究成果が年々少なくなっており、その反対に、特定の研究グループがグループ内で進めて完結させるような研究が年々増えてきていることも分かってきた（未発表）。

生命科学研究の成果を医療技術として人類社会の幸福に寄与する形で還元する活動はもちろん素晴らしい。一方で、生命の原理に迫るような研究活動が再度活発になることを切に願っている。

第6章 イノベーションや創造力にアプローチする型——デザイン思考・アート思考

1 ビジネス界で議論される四つの思考法と分類

ビジネスの世界において、旧世紀型の構造から脱却し、自然と人間の関わりを適切に維持し、多様性を認め、次世代の社会を構築するための、新たな価値の創出や、そのための組織マネジメントについて様々に議論されて久しく、世界中で日々新たなコンセプトが生まれている。また、教育の世界においても、次世代社会を担う人材を如何に育成するか、という議論が常になされている。日本においても、イノベーションを生むための人材、組織、環境はどういったもので、それらを育むためにはどうしたらよいのか、といった議論を、テレビ、新聞、書籍、インターネット、SNSなど様々なところで見かけるのではないだろうか。

こういった中で、着目される事項の一つが、個人個人がどのような事物の見方や進め方をすれば、課題発見、課題創造、課題解決、イノベーションといった新たな価値の創出に繋がるのかというノウハウが獲得でき、そして、そのような能力をどうやって涵養するのか、ということだ。そのノウハウの一つに、以下に示すような「～思考」または「～シンキング」と呼ばれる、アカデミアやビジネス由来となる様々な思考方法がある。

・**論理的思考（ロジカルシンキング）** 元来、古代ギリシアのアリストテレスが体系化した論理学に端を発し、近代以降の科学哲学で発展してきた合理的な推論方法であるが、現在のビジネスの世界においては「ある一定の枠組みに従って論理的に道筋を立てて考え、目の前にある事象を分かりやすく分解し、モレなくダブリなく、整理・分析する事で、より正しく合理的な〝最適解〟を導き出す思考法（https://bizhint.jp/keyword/11491より改変）」である。特に二一世紀初頭から日本においてコンサルティング業界のノウハウとして着目されるようになった（文献65）。

・**システム思考（システムシンキング）** 二〇世紀半ばに情報学、工学、生物学などを背景として議論され始め、現在では各学術分野だけでなくビジネス界にも取り入れられている。「システムは〝機能または目的〟をもち、〝要素〟と〝相互の繋がり〟から構成されていることに着目して、環境からの影響も含めた〝事象全体の振る舞い〟を洞察する思考法」である（文献66）。

・**デザイン思考（デザインシンキング）** 二〇世紀後半からデザイナーがデザインを行う過程での認知活動として議論され始め、二一世紀に入り関心が非常に高まり、ビジネスだけでなく学校教育カリキュラムにも導入されはじめている。論理的思考とシステム思考が、すでに見えている課題に対して効果があるのに対し、デザイン思考は「まだはっきりと見えていない課題」に対して効果を発揮するとされる。「文化人類学や社会学で用いられるエスノグラフィ的な手法を取り入れ、現場での〝観察と共感〟、〝発散思考と収束思考〟による課題発見と解決策の模索、失敗を前提とした〝プロトタイプ〟を用いた繰り返しの試行といったデザインのプロセスを用いる思考法」である（文献67）。

・アート思考（アートシンキング）　デザイン思考が隆盛の中、二〇一〇年代に入ってデザイン思考の限界をカバーする、アーティストの思考法として議論されている。そこで指摘される限界とは、「デザイン思考は、潜在的に課題が存在する事項に関しては解決策を模索する思考法として効果があるが、今までなかったものを創造することが難しい」という点である。二〇二〇年の時点でもアート思考自体の確固たる定義はないが、「アーティストが作品を作成・発表するように、自身の内側からの衝動から発せられた価値に基づき、新たな〝課題の提起〟や〝価値の創造〟を行う思考法」といったところは、共通であるように思う（文献68）。

それぞれの「〜思考」には、様々な人達が議論を戦わせている状況でもあり、上記の説明はそれらに矛盾のないよう記述したつもりだが、異論のある読者にはご容赦いただきたい。

大まかにまとめ直せば、論理的思考は顕在的課題を分けて分析して解決する、システム思考は顕在的課題を要素ネットワークで構築されるシステムとして捉えて解決する、デザイン思考は潜在的課題

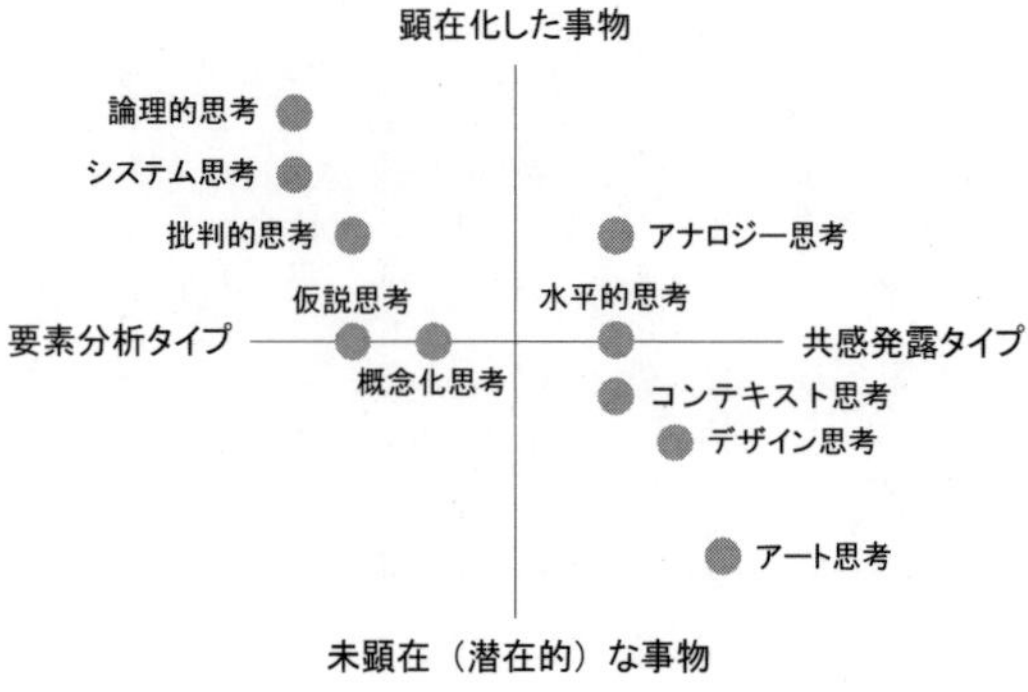

図6－1●ビジネス界で議論される〜思考の分類（筆者作成・作図）

を分けずに共感して解決する、アート思考は課題のない状態から新たな課題を自分の内側から創り出す、といった感じだ。つまり、「顕在化した課題」に対する論理的思考とシステム思考、「未顕在（潜在的）な課題」に対するデザイン思考とアート思考、という分け方ができる。また、別の側面では、要素や分析に重きを置く論理的思考とシステム思考、共感や発露に重きを置くデザイン思考とアート思考、といった分類もできる。「〜思考」には、他にも、批判的思考（クリティカルシンキング）、水平的思考（ラテラルシンキング）などなど様々な「〜思考」が提案されている。本書では詳しく触れないが、「顕在（化）⟷未顕在（潜在的）」「要素分析⟷共感発露」という軸をおけば、おおよその分類が可能だ（図6－1）。

2　科学・「型」と四つの思考のトポロジー

さて、このように概観すると、本書の科学的方法論の特徴は、そのまま論理的思考やシステム思考に当てはめられる。第5章の「生命へのアプローチ」では、生命科学における解剖的アプローチ、システム的アプローチ、理論的アプローチを紹介したが、その記述はそのまま論理的思考とは何か、システム思考とは何かを理解する助けとなるだろう。そして、これら思考法の涵養には、本書の第3章と第4章を振り返っていただき、科学的な事物へのアプローチの仕方、すなわち、科学的な表現と伝達とは何か、ということを理解していただくことが一助となるだろう。

科学では、論理的な一貫性を持つという特徴が、逆にアイデアや発想の転換や飛躍を生みづらい、という側面も生み出していた。このあたりが、イノベーションを導く創造性が生まれづらい、という限界として露呈しデザイン思考やアート思考が提案されていく土壌の一つにもなった。もちろん、科学的な事物へのアプローチの仕方の中でも、「推論」には、単線的な論理展開である〝演繹法〟と〝帰納法〟に加え、〝アブダクション〟と呼ばれる、個別の事象から仮説形成、すなわち創造に関わるプロセスがあり、その能力の涵養に注目が集まっている(補章4参照)。

一方、デザイン思考とアート思考は、分けない、共感、発露といった点で、「型」と親和性が高いのが分かる。「〜思考」では、それぞれのコアとなるコンセプトを基に、思考方法を枠組み化したりプロセス化することで、それらを使用する個人に対して具体的な思考を導くことが多い。デザイン思考やアート思考も同様で、例えば、デザイン思考であれば、「ユーザ視点」「コミュニケーション重視」「作ってみる」「一つのアイデアに縛られない」といったコンセプトを基に、「共感・観察→問題定義→アイデアの創造→プロトタイプの作成→検証」といったプロセスが提案されている。以下では、表現と伝達の方法としての「型」が、デザイン思考とアート思考の、コンセプトやプロセスのどういった側面に合致するのかを考えたい。そして、「型」によって、創造的思考を涵養するプロセスと環境を構築するには、どうしたらよいのかを議論する。

「型」を作る——デザイン思考との共通性と「型」的運用

第5章で取り上げた構成論的アプローチと「型」的アプローチは、デザイン思考と「作ってみる」「一つのアイデアに縛られない」といったコンセプト、「アイデアの創造→プロトタイプの作成→検証」といったプロセスと共通する。構成論的アプローチでは、「目的となる機能や現象を、構成要素は何でも良いので、作ってみる」ということであった。これはそのまま、デザイナーが顧客の満足する作品を作り上げることに似ている。

例えば、「座っていて心地良い椅子」のデザインを依頼されたとしよう。この時に、理論や経験に基づいても直観に基づいてもよいから、とにかくプロトタイプを作成し実際に自分で座ってみる。心地よければ、それはその個人にとって成功であるし、それが上手く売れたらデザイナーとしての仕事は成功だ。経験の豊富なデザイナーならともかく、駆け出しのデザイナーであれば、個人として満足できる作品を完成させるためには、材料や形の変更を含めて、何度もプロトタイプを作るという試行錯誤が必要だろう。チームとして仕事するのであれば、チーム構成員が様々な意見を戦わせ、「座って心地よい椅子」のプロトタイプを洗練していくだろう。当然、顧客が座って心地良く感じなければ意味がないので、顧客の体格や生活習慣に近い人を含む大勢の外部の人達のフィードバックを得て、再びプロトタイプを作成するという作業の繰り返しとなるはずだ。そのような試行錯誤の先に、顧客を満足させる「座って心地よい椅子」というものが完成する。

このプロセスは、まさに、構成論的アプローチであり、「型」の構築過程と言ってよい。プロセス面での違いは、構成論的アプローチであれば、プロトタイプが作成されるごとに、要素分析的に良かった点と悪かった点を明らかにして改善を繰り返すのに対し、「型」的なアプローチでは、分析的な改善を行わず、プロトタイプを通じてデザイナー達が何を自身に内在化し次の改善に向けて発露するか、という点だ。構成論的アプローチであれば、改善点は客観的に対応可能な点としてデザイナー全員に共有され、各デザイナーはその供された問題点を克服するデザインを考えるということになる。一方、「型」によるアプローチでは、各デザイナーが、それぞれのプロトタイプやフィードバックから感じた問題点に対して感性を発露することで問題点の克服を目指すことになる。

このようにして完成した「座っていて心地良い椅子」は、それ自体が「座っていて心地良い」という叡智を含む「型」である。もちろん、できあがった「型」は何も一種類である必要はない。何人ものデザイナーがプロトタイプの作成を試行錯誤すれば、少なくとも数種類の椅子が最終候補として残るだろう。多くの人間が「座って心地良い」と感じる椅子であるならば、それは質の高い「型」である。

ここで、「座って心地良い」という叡智の原理を得るためには、例えば、他の人が作成した全く異なるデザインに座ってみたら心地良かったので、なぜか考えて分析してみる、といったことになるかもしれない。これは構成論的アプローチの方向である。「型」として捉えるのであれば、デザイナー個人が「座って心地よい」ということを把握し内在化すればよいのである。一度内在化された叡智は、次に「よく眠れる椅子」「四人掛けの心地良いソファ」といった、別の作品をデザインされる際に発露されるはずだ。

「型」としてのデザイン思考の運用

ここでは、デザインによって表現する叡智を「座って心地良い」と設定したが、この何の叡智を表現するのか、ということが、デザインそして「型」における肝となる。単に「座って心地悪い椅子を制作する」では、たとえそれができ上がったとしても、おそらくそんなに売れないだろう。売れないということは、そのデザインコンセプト自体が間違っていて、社会に受け入れられなかったという意味で失敗である。この何をデザインするのか、ということは「未顕在の課題」を如何に顕在化させるのかという点となる。デザイン思考では、「ユーザ視点」「コミュニケーション重視」というコンセプトに基づく、エスノグラフィックな手法を取り入れた「現場での観察と共感」というプロセスに当たる。

このプロセス自体を「型」と捉えて運用するためには、他のプロセス要素（アイデアの創造、プロトタイプの作成、検証）を含めて、固着化させないことだ。これは、「型」の特徴、「④要素間の関係性に分解すると価値を失うものである、⑤各要素の定義は変化する」を充足するのに必要だからである。つまり、「観察と共感→アイデアの創造→プロトタイプの作成→検証」のそれぞれの要素を切り離してその役割を限定し、順番を厳守して実施することに固執しないことである。最初に、現在の自身の発露として「プロトタイプを作成」し、それを、現場に持っていって「観察と共感」に基づいて「検証」してもよいのだ。

この場合、デザイン思考が扱う「未顕在だがすでに存在している課題」を想定しているのではなく、自身の「新たな課題提起や価値創造」の発露が受容されるかという、アート思考が提案する位置づけに変化する。上記を覆すようだが、極論すると「座って心地悪い椅子を作ってみた」からのスタートもありなのである。アート思考の推進派は、デザイン思考は1を10にする思考法、アート思考は0か

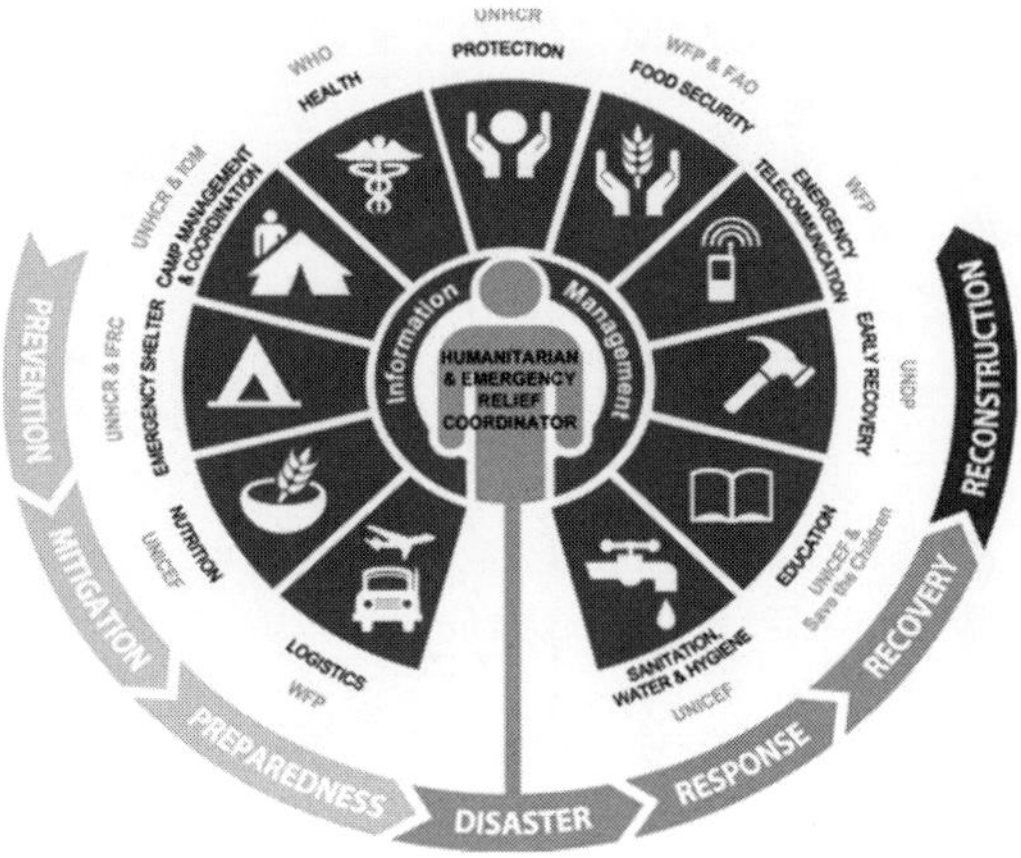

図6-2●クラスターアプローチ。国連人道システム
（https://www.unocha.org/japan/国際人道システム）より転載。

ら1を創造する思考法とよく言われるが、これは、デザイン思考自体をマニュアル化してしまった弊害であると筆者は考える。デザイン思考の「型」的な運用では、すでに、アート思考的な0から1を創造する能力を必要としているのだ。

　人道改革プロセス（アフリカ貧困対応や災害対応）などで注目されている課題解決方法としてのクラスターアプローチ（図6-2）は、論理的思考、システム思考、デザイン思考に近いものだが、課題に対して要素を配置するという点では、「型」の考え方に親和性がある。クラスターアプローチは、「分野毎のニーズ調査、優先順位付け、対応計画作成等を各クラスターのリード機関が中心となって取りまとめ、その責任を明確にするとともに、支援の届かないギャップや重複を避けることを目的」としている点では、要素の役割と関係性を明確化しているが、同時に、「クラスターリード機関も国毎の事情に従って柔軟に定められる」とされており、要素の役割と関係性を柔軟に変化させるということが実際の運用の鍵となっている。この柔軟性は「型」の発想に近い。クラスター要素が配置されて柔軟に運用できれば、個人や組織へ課題解決方法の身体化が誘導され、現場における新たな課題の発見能力を涵養する仕組みとなるといえる。

創造力を涵養する「型」――アート思考

アート思考やデザイン思考にしろ、創造的な考え方を必要とする、という点では共通している。違いは、「デザイン思考が「外部からの依頼に対処するための問い」から始まるのに対して、アート思考は「個人の内部から発せられた問」から始まる（文献69）」とされる。いずれにしろ、創造的な能力が必要になるわけだが、アート思考においては、「各個人におけるアートパワーの「内在化」の過程が不可欠（文献70）」と言われる。そして、「内在化とは、自分の知らなかった外にあるモノや情報を、自分のなかに取り込んで自分のものにすることです。アートを内在化することは、アートを見たり触れたり考えていくなかで、自分の外部にあったはずのアートという存在が、いつの間にか自分のなかで思考や感性になんらかの影響を及ぼしている状況ができたとき、内在化したといえるかもしれません（同前）」。そして、アート思考で発揮できる「「問題提起力」「想像力」「実践力」「共創力」は、この内在化の過程のなかで培われる能力だ（同前）」と言われる。このアート思考がもたらす能力によって、ビジネスにおいては、「ビジネスに多元的な「アート効果（ブランディング／イノベーション／組織活性化／ビジョン構想）」をもたらし、ビジネスを通じて組織や社会を変革していくこと（同前）」が期待できるとされている。

アート思考では、このアートの内在化について、「アート・シンキングは「身体」に重要性をおく。「身体」は「ちがい」を生み出す源だから（文献71）」とされる。この「ちがい」の創造は、「他者に強制されるのでもなく、一人だけの自発的な行為でもなく、他者からのあるきっかけを得て、主体の「内部で変化が起こる」（文献71）」ことで生まれる。「アート作品は、アーティストの環世界のありようを外在化させたものだが、「触発」という仕方でそれを見る人の「環世界」を変化させる力をもつ。（文献71）」、「「アートは問いで、デザインは答え」とか「アートは課題解決でなく課題提起」などとも言われるが、より重要なことは、アートが「一つの正解」をそもそももたない「オープン・クエスチョン」であることだ。（文献71）」、と語られている。言い換えれば、アート思考は、具体的なプロセスではなく、創造性を生み出す主体の身体から正解を求めずに「ちがい」を生みだし、環世界を変化させる、ということだ。そして、「身体」、「主体」、「触発」、「内部変化」、「内在化」、「環世界」、「ちがい」、「外在化する」といったキーワードは、そのまま、筆者が「型」について語ってきたことと重なる。

表現と伝達方法としての「型」では、まずは、「型」の叡智を内在化し把握することが大切だ。そして、外部からの事物がその主体に働き掛けたとき、その事物を主体が受容し、その主体の現在において、その主体に応じた事物として叡智が発露される、と説明してきた。これは、アート思考の文脈に合わせると、まずは「ちがいを生み出すアートを内在化した身体を獲得する」。そこから、「他者からの触発によって、主体の内部に変化が起こり、その主体の環世界を変化させる創造を外在化する」ということになる。ここまでくると、アート思考の語る創造的能力を発揮するには、それを発揮する主体が如何に創造的身体を獲得するか、がポイントであると分かる。そして、この創造的身体の獲得は、まざに、「型」が担うことのできる範疇である。

アート思考の習得を促すには、アートに触れるという環境の設定、アートの実践者として振る舞うという個人の訓練、の二つの面がある。伝統芸能の「型」に当てはめると、茶道における「道具・食事・空間」と「作法・所作」がそれぞれ環境と個人にあたり、能、狂言、舞踊、歌舞伎では「舞台」と「舞」となる。茶道における振る舞い、服装・着付け、道具・食事の選別、空間の設計などの決まり事、すなわち「作法」や「所作」は、「場」に「様式美」を産み出し、亭主が同じ刻を客と共有するための「型」だ。それは、生活全体を内に含んだ「生活様式」を産み出すことに繋がり（文献41）、その生活様式を内在化した主体へ生活の知恵の発露を促す。能、狂言、舞踊、歌舞伎では、喜び、哀しみ、怒り、笑い、といった普遍的な感情を、所作や踊りを通して観客に伝え、観客の心を感化させる。展開される「舞」と「舞台」との相乗効果は、舞手の環世界となり、観る人の環世界をも変化させる。もちろん「型」としては、舞台や空間といった場と、舞や作法・所作といった主体の振る舞いの双方が分けられずに在ることが大切だが、まずは「舞台や空間」の方から考えてみたい。

アート思考を涵養する環境としての「型」——配置するが説明しない

アート思考の涵養では、涵養される側の五感が届くところに、アートそのものを配置しておく、といったことが行われることがある。つまり、アートに出会うきっかけを作るということだ。学習者本人がアートに出会うきっかけとしては、「①たくさん見る、②作品に向き合う、③人と話す、④描いてみる、⑤作品を買う（文献69）」といったことが挙げられている。

この実践を促すために、会社のワーキングスペースに絵画を配置したり、彫刻を置いたり、音楽を流したり、といった具合に、アートに触れる機会を創るといったことが行われる。別のやり方では、アーティストが活動するアトリエ・スタジオのような環境で仕事をするといったものもある。アントレプレナーが使用するガレージであったり、マインドフルネスのための禅を実施する部屋の設置、といったこともこの範疇だ。このように、アートを内在化する、または、アーティストを内在化する、ことでアート思考を涵養する環境を構築する。

このような舞台や空間を準備するためには、どうしても絵画や工作道具といったアート要素を空間に配置していかなければならない。しかし、舞台や空間を「型」として捉えるのであれば、配置する各要素に固着化した役割を持たせないことが大切だ。このことは、解釈可能性の余白を残すアートが鑑賞する人によって異なる触発を誘導するのに通じる。

次に、配置した各要素間に直接的な関係性を持たせないことだ。例えば、絵画Aには社会を感じさせるという役割を当てるので、絵画Bには絵画Aを前提に社会を考えさせる役割をもたせる、のようなストーリーは不要だ。「型」の運用における禁忌は、定義や関係性の固着化から生まれるマニュアル化であり形骸化だ。あくまで、その環境の中に身を置く主体が、アート作品を鑑賞する行為を通じて、自ずからアートそのものやアーティストそのものを内在化することが大切だ。そして、内在化されたものは、各人で異なってよい。このとき舞台や空間を作った側からの説明はなくてもよいのだ。

アート思考する個人への「型」——先覚後知

アート思考を涵養する場に身を置いたのち、自身にアート思考を内在化するにはどうしたらよいのか。「舞」や「作法・所作」の学習の部分である。前掲の『アート・イン・ビジネス』(文献70)では、「①問題意識を持つ、②アートと出会う、③アートと深いかかわりを持つ、④構想とテーマを選定する、⑤資源の棚卸しと関係者との調整をする、⑥実践する(With/By/For)、⑦自己評価をする。」とされる。同書では、さらに、「言語化(アーカイブ化)」の大切さも説かれているが、「型」として考えるのであれば、このような要素に分けたプロセス化や言語化は逆効果であるように思う。

「型」としてアプローチするのであれば、大切なのは、アート思考をまだ身に付けていない場合、自分自身でアート思考を解釈したり、創り出したりしてはいけないということだ。試しに、アート思考を体現しているという状態を、武道における達人と置き換えてみる。「型」をメインに稽古する場合、達人に至るためには、通常、一つの「型」を身体化するだけでは不十分だ。一つの「型」によって習得した身体を前提とし、新たな「型」を学修して次の身体知を獲得する、という積み重ねの先に達人への道が開けてくる。このとき、学修者にとって、稽古中の個々の「型」の叡智は言葉で理解できるものではなく、目に見えるものでもなく、学修中に身体を通じて把握し、主体である自身に内在化できるものだ。「型」の稽古を積み重ねていった結果、初めて過去に学修した「型」の叡智を把握できることも多い。修練が進むにしたがって、心身全体の中での身体各部位の働きが変化し、心身全体としての成熟が進む。「型」による叡智の把握は「先覚後知」であり、その上で自由自在な創造的身体を獲得する。

未熟な時期に「型」を解釈しないという規則を守ろうとすると、多くの学習者は、何かモヤモヤとしたものが溜まる、といった状態になりやすい。しかし、それでよいのだ。筆者の経験では、このモヤモヤした状態は、何か矛盾に近いものが自身の中に同居している状況だ。言語化することで、はっきりと問題を明らかにして理解することができるのは、論理的思考の利点の一つであるが、反対に、その時点の状態しか言語化できないということでもある。しかも、言語化することで無意識の内に整合性を取ってしまい、本来は同居していなければならないものを追い出す結果ともなる。これは「型」の叡智を自ら手放している状態だ。それゆえに、「型」の学修の中では、未熟な間は分かったつもりにならない、ということがとても大切である。叡智を内在化できたか、できていないかは、その状況の外に置かれて何かを発露するときに判断できる。アート思考の学習においても同様であり、自分自身で分かったつもりにならないことだ。アート思考が内在化されたか否かは、自身の取り組む仕事にいつの間にか反映され、自ずからアート思考が内在化されたかを認識できるだろう。

良質な「型」体系は、武道や伝統芸能などを問わず、達人に至った先人の天才性や、長い歴史を掛けて積み重ねた天才ではない常人達の模索、の上に成立している。それは言葉や五感によって伝えられないものを把握した先人達が遺したものである。世阿弥の能にしても、受け継いだものではなく創作したものであり（文献17）、「商品」としての能の模索と苦悩の先に成立したものとされるし（文献42）、クラスターアプローチにしても、貧困国での先人の多くの失敗経験の上にクラスターの各要素が選別され、配置されているのであって、最初から論理的に確立しているものではない。

それゆえ、まだアート思考を身に付けていない者が、アート思考を成熟させるための環境やプロセスを考案しても意味がない。同様に、評価する側も気軽に言葉を用いて分析的に判断するべきではない。例えば、武道などの「型」競技において、万人が理解し一律評価できる仕組みなどあり得ない。仕組みができたときには、評価対象の「型」は、すでに形骸化しているからだ。達人レベルで身体知化できた者にしか、「型」を創造し、評価・指導することができない。「型」は論理的思考による理解と伝達に比べて即効性はない。しかし、アート思考を身体知化しようとするのであれば、良質で遅行性の「型」によって叡智の内在化を涵養することが鍵ではないだろうか。

結……型が切り拓く可能性

1 本書で明らかにしたこと

本書では、まず武道と漢方から、表現と伝達の方法としての「型」の特徴を抽出して紹介した。

①特定の叡智を内在するパッケージである
②非分析的な把握と伝達の手段である
③保存的であり再現的である
④要素間の関係性に分解すると価値を失うものである
⑤各要素の定義は変化する
⑥内在する叡智は「型」の外でも有効である

という六つの項目である。

そして、科学との比較により、科学的方法論では、分析性、論理性、再現性、関係・法則性、定義の厳密性、客観性または共同主観性、反証・反駁・テスト可能性が必要となる一方で、「型」的方法論では、再現性や反証・反駁・テスト可能性以外は必要とせず、これらについても完全性はなくてよい、ということを示してきた。加えて、科学と「型」では、(ア) 叡智を科学では客観的な立場で理解し、「型」では主体が把握して内在化する、(イ) 叡智の活用では、科学は推論を用いて事物の過去や未来を推測し、「型」は主体が内在化した叡智の発露が現在の瞬間における過去と未来の事物に繋がる、といった叡智の習得と活用に対する違いを浮き彫りにした。その結果として、以下のような科学と「型」がそれぞれ得意とする叡智について明らかにしたつもりだ。

型に適している叡智
・主体への内在化を求め、主体からの発露を求める叡智
・万人に同様の推論を求めず、被伝達者側での活用の相違を許容する叡智
・要素間関係性を重視せず、総合性を重視する叡智

科学に適している叡智
・主体からの外在化を求め、主体からの発露を求めない叡智

・万人に同様の推論を求め、被伝達者側での活用の相違を許容しない叡智
・要素間関係性を重視し、要素の個別性を重視する叡智

このように、科学と「型」のそれぞれで扱うのに適している叡智があるのだ。筆者には、科学ではなく「型」の方が優れているということを述べるつもりは毛頭ない。一方で、現代社会では科学的なアプローチが隆盛を極めており、それ以外のアプローチが軽視されるがゆえに、様々な事物に対して、自らの首を絞めるような限界を設定しているとも感じている。かえって、科学ではなく「型」という視点でアプローチしたときに、新しい可能性が生まれる事例もある。本書では、その例として、人間、生命、創造性といった事項へのアプローチを、易経、生命科学、デザイン思考、アート思考といった例によって紹介してきたが、他にも様々な事物へのアプローチの仕方として「型」が活用できるのではないか、と考えている。そこには、「事物や叡智の表現と伝達のために新たな「型」を創造する」という側面とともに、「既存のプロセスや方法論を「型」として再度捉え直す」という側面がある。次節では、筆者の経験に基づきもう少し詳しく述べたい。

2 総合学に向けた「型」の活用

総合的な教育と研究の現状

筆者は大学において教育と研究を生業としているが、教育と研究の双方に対して、科学とともに「型」的な方法論を導入しても良いのではないかと考えている。教育の面では、そもそも「型」は道場における武道教育に活用されてきたものであるし、デザイン思考教育といったものも教育課程に取り入れられつつあるので、「型」的な運用で「してはいけないこと」を守れば、効果が生まれると思われる。

とはいえ研究面では、まだまだハードルが高い。現在の研究の世界は、専門家が分野別に活動し、論文や本を執筆して成果を発表することが必須とされる世界である。そして、専門家集団によって発表した論文や本が評価されることによって、大学の助教・講師・准教授・教授といったポストに就いたり昇進できたりする。これは、つまるところ、セグメント化された枠組の中で科学的な活動を行いなさい、ということであって、総合性を重視する「型」的な活動ではない。ある意味、国家を含めた科学者社会の制度的限界という面でもある。制度的な科学者社会の問題については、科学哲学のみならず科学社会学や科学技術社会論（STS; Science, Technology, and Society）においても盛んに論じられてきた。職業・制度としての科学活動については、佐藤文隆氏の『職業としての科学（文献72）』が質の高い入門書であるので、興味のある読者はご一読いただきたい。

実際、多くの研究者が、タコツボ化したアカデミアの限界を感じてきたことも確かである。近年でも、隠岐さや香氏が『文系と理系はなぜ分かれたのか』において、諸分野の細分化についての問題を取り上げている（文献73）。諸外国でも、閉ざされた専門分野の問題は広く認知されており、一九七〇年代に産業界側から問題提起され、一九九〇年代にはアカデミアの側でもこの問題が明確化された。そして専門分野同士をいかに有機的に繋ぎ、新たな価値を創造するか、といった議論と試行がなされてきた。例えば、考古学遺物の年代測定などは典型例だ。昔は遺物の出てきた地層などから年代を測定していたが、現在では放射性同位体の測定により年代をより正確に推定することができる。もともと考古学者は放射性同位体の知識や知見はなく、物理学者との分野を超えた共同によって達成された成果だ。考古学という一つの専門分野では解決できない課題に対して、物理学という別の分野から手法を取り入れ、年代測定の正確性を上げることに成功した。こういった分野横断型研究が一定の成果を上げているのは確かだが、ここに「型」的な視点を導入することで、別の新たな可能性を拓くことができるのではないかと思っている。

「型」的な総合学の提案

筆者は、「型」的発想の総合学への活用を目指して、二〇二一年現在、筑波大学医学医療系において健康情報総合学という研究室を主宰している。「世の中の健康に関する課題、特に、分野横断的な課題や、既存分野に紐づけできない課題を対象に、分野、手法、立場などに捉われずに切り込み、プロトタイプとなるモノコトやコンセプトを生み出すことで、課題解決や価値創出に繋がる方法論を世の中に問う」というのが、研究室のコンセプトである。

筆者がこのように掲げる総合学のコンセプトの背後には、総合学に対する以下の二つの視点が通底している。

一つ目の視点は、専門家の離散集合としての分野横断ではなく、研究者が専門家であることを放棄し、個別の専門知をいわば連続的・総合的に一人の中へ集約(内在化)する必要があるのではないかという点だ。現在、ほとんどの研究者は一つの研究分野に自分自身を当てはめ、その専門分野の専門家としての自身を形成し、研究活動を行っている。そのため、分野横断型の共同研究を進めても、プロジェクト完了の後には、再び自身の研究分野に閉じこもるという場合が多い。一人の研究者が、複数の専門分野を抱え、その抱えた専門分野にも固着化せず、新しい分野を創造していく、といった態度があってもよいのではないだろうか。

これは、「型」的アプローチにおける、要素の定義を固着化しない、要素間関係性に言及しない、といった部分にあたる。もちろん、このような態度での研究は、それぞれの研究者にとって所属する専門分野における研究の深みを損ない、アカデミアにおける評価が下がる、といったリスクもある。一方で、各々の研究者がその研究キャリアの中で培った事物へのアプローチのノウハウを、自身の専門分野の中で完結させるのではなく、その外で発揮するということに積極的になっても良いのではないか。

各専門分野を個別の「型」と捉えるのであれば、その叡智の発揮は「型」の状況の外で発揮されてこそ価値があるのだ。筆者自身の専門分野は、もともと生命科学（主に分子生物学、細菌学）であったが、同時に、科学計量学、漢方医学、武道といった他分野においても活動してきた。正直なところ、自身の中では、矛盾を抱えるようなスッキリしない感じで活動を続けてきたのも確かである。しかし、それゆえに、本書のように、様々な専門分野を一個人の中で横断的に「総合」し、新たな見方の提起を試みる著書を発表できたのではないかとも思っている。

二つ目の視点は、総合学の実質的な活動のためには、研究室、そして、学部や専攻として、常に分野の垣根を超えて研究活動しなければならないという要件を制度的に導入したらよいのではないのかという点だ。実は、筆者は、京都大学総合人間学部という「総合」を冠した学部の卒業生である。筆者が在学当時は、卒業するためには主専攻と副専攻という二つの専門分野を選択しなければならなかった。筆者がその仕組みを有効活用できたかは脇においておき、所属する学生に複数の専門分野を学習させ、一つの専門分野には留まらない広い視点、思考力、実践力をもった人材を育成する、という仕組み自体は大変良いことだと思う。近年では、何も総合学部だけではなく、様々な新設学部や領域において、同様の教育プログラムが組まれることが多く見られ、筆者の所属する筑波大学においても、毎年のように分野横断型の学修課程が生まれているし、筆者もそういった学修課程の創設に携わってきた。

そのうえで、総合学を成立させるためには、こういった学部や専攻の創設だけでは、まだ不十分だ、というのが筆者のここでの見解である。

というのも、こういった総合的な学修課程を経験した学生であっても、卒業論文・修士論文・博士論文の作成時には、その学部や専攻に所属する指導教員の元で研究活動を実践し、その研究活動が指導教員の専門分野内で完結する場合がほとんどだからだ。せっかく総合的な視野と思考を身につけても、結局は専門の枠にはめられて研究活動をしなければならないのである。もちろん、学生の中には、その指導教員の専門分野に留まらない活動を希望する者もでてくる。そういった場合には、指導教員が名目上の指導教員となり、別の専門家の元へ学生を派遣して指導してもらう、というようなことが散見される。つまり、学生が総合学を志向する一方で、指導する側の教員は自身の専門分野に留まる、という傾向になりがちなのだ。

筆者は、総合学においては、指導する側にも総合的であって欲しいと願っている。そのためには、学生の卒業研究（修士・博士を含む）について、指導教員とは異なる分野の研究をしなければならない、そして、指導教員が実質的にも学生を指導しなければならない、という規則を導入すれば良いのではないかと思っている。つまり、ただ専門家を集めた総合学部を創設するのではなく、教員と学生が総合的に教育と研究の両面において活動をしなければならない環境を作り出すということだ。そもそも研究者の各専門分野のノウハウがあるからこそ教育と研究ができるのだ、といった批判が集まりそうだが、分野横断型の研究を日常化し、総合学に研究活動をすすめ、新たな時代を担う人材を生むためには必要なのではないか。

筆者の主宰する研究室に所属する学生には、本当に取り組みたいテーマを自分自身で探して提案しなさい、この研究室は健康に関することの総合的な研究活動の場であって、自分達で取り組めることであれば何でも取り扱う、と常々話している。二〇一九年八月に立ち上げた歴史の浅い研究室ではあるが、学生達が取り組んだテーマとしては「分子栄養教育マテリアルの開発」「日焼け対策ドリンクの開発」「食の安全と貿易に関する言説解析」「若手アスリート向け補助自然食品の調査と開発」「アスリートレストランのオンライン共同開催」「科学的食材調理法を紹介するサイエンスコミュニケーショングッズの作成」「昆虫食の社会受容とビジネス」「冬虫夏草の腸内細菌への効果」など、多岐にわたっている（食と健康の問題に偏っているのは、学生たちが国際連携食料健康科学専攻という食と健康を扱う修士課程に属しているためである）。現在は健康というテーマの中での総合学だが、将来的には健康に限らず広く総合学の仲間を集めて様々な活動を展開していきたい。そして、様々な批判や意見を取り入れながら、「総合学」という「型」を創造したいと考えている。それは、専門Aと専門Bを足して専門AB分野というものを産み出すのではなく、まったく異なる専門C、専門Dといった新たな学問領域を産み出す母体ともなるはずだ。

3 生きた「型」の創出に向けて

本書の最後に、生きた「型」と死んだ「型」とは何かについて触れたい。死んだ「型」とは、表現と伝達の手法としての「型」の特徴を一つでも欠いているものである。例えば、マニュアルは「型」の特徴②、④、⑤、⑥を欠いているし、スポーツ化した「型」は②、④、⑥を欠いている。原因として、類型・形式・様式・規範（タイプ・フォーム・パターン・モデル）といった科学的な視点での「型」と、表現と伝達の手法としての「型」の混在があげられる。

科学的な「型」の使い方は、「型」の叡智の把握と内在化とは異なり、分析的で論理的なもので、形骸化をもたらしやすい。もちろん、万人に対して誤解のないようにするためには、科学的であることが良く、わざわざ「型」を引っ張りだしてくる必要はない。しかし、本書でも繰り返し述べてきたように、科学と「型」は相互に補完できる関係にある。科学では取り扱うことが苦手な事項について、本書の主張する表現と伝達の手法としての「型」を導入してくれればと思う。

また、身体・時代・環境などに合わない型に人を嵌め続けるのも良くない。「型」による叡智の伝達が生きていた時代は、多くの「型」が産み出され、消えていくという変化に富んでいた。例えば、武道・武術の学修者が、ある流派において師より免許皆伝を授けられた後、独立して「型」と「型」の体系を修正し、独自の流派を立ち上げることが多々あった。ここには、「型」による叡智の伝達とともに、「型」の個々の身体への依存があり、達人ごとに柔軟に対応していたことが伺える。茶道にしろ、その道の流祖や継承者自身が創造時の改変を強調し、同時に、「型」の固着化と形骸化に警鐘を鳴らしている（文献41）。「型」は、その「型」が本来教えてくれる叡智を真に把握したものによって変化しつづけるものだ。

京都学派の流れを汲む唐木順三は、明治までの社会や生活様式を作り上げてきた「型」の叡智として、形式、規範、規格、制度、統制、組織、生活体系、人格、性格、慣習、理想像といったものを挙げる。こういった「型」が西洋の文化や制度が導入されるとともに否定されながら失われていき、大正以降の西洋的な「教養」にとって代わられた歴史を嘆く。そして良くも悪くも戦時体制が「型」を構築したが敗戦と共に「型」も崩壊し、自己や社会を作り上げる「型」がないことを指摘している（文献13）。

固着化して身動きが取れず、時代と環境にそぐわない「型」は変化してよいのではないかと筆者は思う。問題なのは、大正時代であれば「教養」が「型」として身体と場に根付いて知を生み出さなかったことだろう。そして、無理に「型」を作り上げても、それが叡智を含まない「型」であるならば、無理に作り上げる必要もない。「型」はその時代その時代において審判を受けながら、定着と変化、そして、消失と創造を繰り返していくものだ。

このように「型」自体は本来柔軟に変化するものだ。叡智は、各個人に内在化され、その現在の状態において発露されることで活用される。それぞれの主体の、その時々に適した「型」を創造し、コミュニケーション手段として活用することで、それぞれの時代において、人類が扱うことのできる叡智の範囲を拡げる一助になるのではないだろうか。

あとがき

本書は、筆者自身が科学的な活動と武道的な活動を進めるなかで、20代のころから違和感として蓄積していったものを何とか統合できないか、という個人的な動機に端を発したものである。統合するには、自身が専門分野として持つバックグラウンドの範疇を超えたものを生み出す必要があり、正直怖さがあるのも確かであった。そのような思いを抱えていた一〇年ほど前に、生命科学者としては今さらなのだが、今西錦司氏の『生物の世界』（文献74）を拝読した。そして、その序文に大いに感激したことを今でも鮮明に思い出せる。今西は、以下のように述べている。

この小著を、私は科学論文あるいは科学書のつもりで書いたのではない。それはそこから私の科学論文が生まれ出ずるべき源泉であり、その意味でそれは私自身であり、私の自画像である。私は自画像がかきたかったのである。（中略）まだこれというほどの業績ものこしていないし、やるべきことはいくらでもあるのだが、私の命がもしこれまでのものだとしたら、私はせめてこの国の一隅に、こんな生物学者も存在していたということを、なにかの形で残したいと願った。（中略）だから実に乱暴に、計画も何も樹てずに書きなぐっていった。その乱暴さに対して、哲学者は認識という言葉の誤用を指摘し、社会科学者はまた共同体とか文化とかいう言葉の濫用を憤るかも知れないが。（中略）たとえ画法にあっていなくても、その画が私という学問的野人を正しく描きだしているならば、それで私は本懐である。（中略）未完成さは未完成さのままに現すのが自画像であろう。（文献74）

この序文を読んだ後、研究者とはこのようにあるべきだ、と深く感じ入ったのだ。その後、自身が筑波大学の台湾オフィスの立上げと運営のミッションを大学から授かり、二〇一五年〜二〇一九年に台湾に赴任することになるにいたって、一度、研究者としての自身を殺した。台湾に駐在する間、いわば学術外交官として活動するなかで、様々な友人との出会いがあり、やはり研究がしたい、という思いも募っていった。そして、研究を再開するのであれば、元の生命科学や科学計量学にただ戻るのではなく、自身が求める学術像に沿ったことをしたい、それは自身のモヤモヤに向き合うことだ。そのために必要な総合学とは何か、ということを具体的に考えるようになっていった。その構想は未完成であっても画法に合っていなくても、発表しなければならない。

このような状況のなかで、二〇〇九年に出版された『萌芽する科学技術』（山口富子・日比野愛子編著、京都大学学術出版会）の中の一章を担当した際にお世話になった、斎藤至氏（元・京都大学学術出版会、元・事業構想大学院大学出版部）と再度ご縁ができ、二〇一九年初頭に「生命へのアプローチ――「型」とデザイン思考（環境会議二〇一九年春号、事業構想大学院大学出版部）」、二〇二〇年初夏には「アート思考への「型」からのアプローチ（人間会議二〇二〇年夏号、事業構想大学院大学出版部）」と二篇の小論を掲載いただき、本書に繋がる端緒ができた。そして、斎藤氏のご尽力と働きかけによって、今回京都大学学術出版会より、総合学に繋がる「型」について、哲学や方法論としての詳細を発表する機会を得たのである。斎藤氏には、本原稿のチェックやご助言など、様々な面でお世話になった。斎藤氏がいなければ、本書は世に出なかったといっても過言ではない。この場を借りて深く御礼を申し上げたい。

京都大学学術出版会においても、國方栄二氏には、本文の構成、コメント、編集など様々な面でお世話になった。カバーの素材では、東山魁夷せとうち美術館の北地直子学芸員にお世話になった。この場を借りて感謝申し上げたい。

また、この本の原型となる第1章と第2章の草稿に関しては、筑波大学の様々な研究者の方々からご意見を伺い、議論を深めることで第3章以降の展開を創るのに生かすことができた。特に社会人類学の内山田康博士、東洋思想の佐藤貢悦博士、体育哲学の深澤浩洋博士には貴重なご助言をいただくことができ大変感謝している。医学のBryan J. Mathis博士には、英語要旨の校正をいただいた。そして、日ごろから私の「型」の長々とした議論にお付き合いいただいている、国際政治学の木島譲次博士を始め、研究、教育、国際活動の様々な点でお世話になっている学内外の仲間たちに御礼を申し上げたい。

最後に、毎日美味しく健康的な食事で支えてくれる妻の美和、そして、いつも玄関まで迎えに来てくれる猫の茶々丸に最大限の感謝を。

二〇二一年五月六日

著者

索　引

English abstract

Reconsidering "Kata (型)"

- from science to comprehensive/integrated study -

Ryosuke L. Ohniwa, Ph. D.
Faculty of Medicine, University of Tsukuba, Japan

This book focuses on "kata (型)", a methodological tool used in the practice of Japanese traditional martial arts, in the transmission of information in Kampo medicine (Traditional Chinese Medicine) and other modalities. "Kata (型)" is usually translated into "form", "type", "pattern", "model", "style", "make", or "convention" in English and, therefore, the impression of "kata (型)" as a methodology is, in general, associated with "typology" in Humanity and the Social Sciences. This impression is partially correct but obscures the fundamental value of "kata (型)" as a methodological tool to communicate / represent / deliver / transmit / grasp / comprehend both wisdom and knowledge. In Japan, such hidden methodological characteristics of "kata (型)" have been discussed in the contexts of traditional martial arts, traditional performing arts, culture, religion, mind and body, education, cognition, etc. However, such discussion has often been restricted to specific subjects, such as traditional culture and/or oriental thought, and thus "kata (型)" has yet to be revealed as a universal tool which complements the scientific method and enables us to handle those subjects or objects hardly addressed by science.

In this book, I aim to demonstrate the characteristics of "kata (型)" as a universal methodological tool. First, in the preface, I discuss the definition of "kata (型)" as both an analytical typing tool and a non-analytical communication and comprehension tool. The non-analytical aspect is what I intend to demonstrate as a universal methodological tool complementing

science. In Chapters 1 and 2, I analyze "kata (型)" in Japanese traditional martial arts and Kampo medicine to extract the characteristics of "kata (型)" as follows:

1: A package that contains specific knowledge and wisdom

2: A methodological tool for non-analytical comprehension and communication

3: Conservative and reproducible

4: Loses value when decomposed into relationships between elements

5: A changeable definition for each element

6: Intrinsic knowledge and wisdom are also effective outside the "kata (型)" package

Table 1. Comparisons between "Kata (型)" and Science

	Kata (型)	Science
Analyticity	Not required	Required
Logicality	Not required	Required
Reproducibility	Required	Required
Relation and law between elements	Not required	Required
Changing definition of elements	Allowed	Not allowed in mathematical and logical formulas but allowed in data elucidation
Objectivity	Objective for "kata (型)" existence; Subjective for comprehension of "kata (型)"	Objective for mathematical and logical formulas and data; Intersubjective for elucidation of data
Falsifiability	Possible by masters	Possible

In Chapters 3 and 4, the methodological characteristics of "kata (型)" are compared with science. Chapter 3 specifically focuses on logical rigorousness, relationships of cause and effect among subjects or objects, subjectivity and objectivity, and falsifiability (Table 1).

In Chapter 4, I focus on the quality of knowledge and wisdom handled by kata (型) and science, with special discussions on "Understanding in Science" versus "Comprehension / Grasping in Kata (型)", "Inference in Science" versus "Instinct expression in Kata (型)", and "Sense of time in Science and Kata (型)." I then propose the following criteria to judge whether certain wisdom/knowledge should be handled by either Kata (型) or science:

Wisdom / Knowledge Suitable for Kata (型)

1: Wisdom/Knowledge requiring the internalization of the subject and instinctive expression for its utilization
2: Wisdom/Knowledge not requiring objective/logical inference while allowing recipients to use it differently/diversely.
3: Wisdom/Knowledge not requiring analytical understanding while emphasizing comprehension.

Wisdom / Knowledge Suitable for Science

1: Wisdom/Knowledge requiring externalization of the subject and not requiring instinctive expression for its utilization
2: Wisdom/Knowledge requiring objective/logical inference while not allowing recipients to use it differently/diversely.
3: Wisdom/Knowledge requiring analytical understanding while emphasizing the individuality of elements.

In Chapter 5, I apply "kata (型)" to comprehend Humanity and Life by introducing the "Book of Change (易経)" as "kata (型)" to define Existence. I also discuss how to apply "kata (型)" to life science researches to comprehend Life's core matrix. In Chapter 6, I discuss how to apply "kata (型)" to cultivate creativity by referring to "Design Thinking" and "Art

Thinking," which are current hot topics in business and education. In the Conclusion, I summarize all discussions and propose to establish "comprehensive / integrated studies" from the viewpoint of "kata (型)". Within the Appendices, I additionally discuss supplemental issues not detailed in the main body that are nevertheless helpful to comprehend key topics.

Table of contents

References

English abstract

参考文献

序

1：ユクスキュル/クリサート著（日高敏隆/羽田節子訳）『生物から見た世界』岩波文庫、2005年（原著初版は1934年）
2：柴谷篤弘著『構造主義生物学』東京大学出版会、1999年
3：川出由己著『生物記号論――主体性の生物学』京都大学学術出版会、2006年
4：福岡伸一著『生物と無生物のあいだ』講談社現代新書、2007年
5：ルース・ベネディクト著（米山俊直訳）『文化の型』講談社、2008年（原著初版は1934年）
6：田中裕著『ホワイトヘッド――有機体の哲学』講談社選書メチエ、1998年
7：岡本裕一朗著『フランス現代思想史――構造主義からデリダ以降へ』中公新書、2011年
8：鷲田清一著『メルロ＝ポンティ――可逆性』講談社選書メチエ、2003年
9：湯浅泰雄著『身体論――東洋的心身論と現代』講談社学術文庫、1990年
10：市川浩著『「身」の構造――身体論を超えて』青土社、1984年
11：西田幾多郎著『善の研究』岩波文庫、1950年（初版は1911年）
12：菅原潤著『京都学派』講談社現代新書、2018年
13：唐木順三著『現代史への試み　喪失の時代』中公選書、2013年（初版は1963年）
14：源了圓著『型』創文社、1989年
15：安田武著『型の文化再興』朝文社、1993年
16：生田久美子著『「わざ」から知る』東京大学出版会、1987年
17：西平直著『世阿弥の稽古哲学』東京大学出版会、2009年（増補版は2020年）

第1章新出
18：中崎辰九郎/迫一郎著『伯耆流居合術』伯耆流居合術振興會、1937年
19：宇城憲治著「武道の原点」『合気ニュース』2000年
20：黒田鉄山「消える動きを求めて――鉄山パリ合宿記」『合気ニュース』1997年
21：黒田鉄山・甲野善紀著『武術談義』壮神社、2003年

補章1新出
22：宮本武蔵著『五輪書』渡辺一郎校注、岩波文庫、1985年
23：片山久安伝『家秘録自臨伝心鏡悟影』岩国徴古館所蔵
24：オイゲン・ヘリゲル著（柴田治三郎訳）『日本の弓術』岩波文庫、1982年

第2章新出
25：小曽戸洋著『新版　漢方の歴史――中国・日本の伝統医学』大修館書店、2014年（オリジナルは1999年『〈あじあブックス011〉漢方の歴史』）
26：小曽戸丈夫著『素問』たにぐち書店、2006年
27：小曽戸丈夫著『霊枢』たにぐち書店、2006年
28：森良雄著『神農本草経解説』源草社、2011年
29：大塚敬節著『臨床応用　傷寒論解説』創元社、1966年
30：大塚敬節主講/日本漢方医学研究所『金匱要略講和』創元社、1979年
31：馬子密・傅延齢著『歴代本草藥性匯解』中國醫藥科技出版社、2001年

補章2新出
32：平馬直樹/浅川要/辰巳洋著『プロが教える東洋医学のすべてがわかる本』ナツメ社、2011年

33：梶田昭著『医学の歴史』講談社学術文庫、2003年
34：寺澤捷年著『吉益東洞の研究——日本漢方創造の思想』岩波書店、2012年

第3章新出

35：H・バターフィールド著（渡辺正雄訳）『近代科学の誕生　上・下』講談社学術文庫、1978年（原著初版は1949年）
36：トーマス・クーン著（中山茂訳）『科学革命の構造』みすず書房、1971年（原著初版は1962年）
37：宗像恵・中岡成文編著『西洋哲学史』ミネルヴァ書房、1995年
38：世阿弥著（野上豊一郎・西尾実校訂）『風姿花伝』岩波文庫、1958年
39：カール・R・ポパー著（大内義一/森博訳）『科学的発見の論理　上・下』恒星社厚生閣、1971年（原著初版は1959年）
40：カール・R・ポパー著（藤本隆志/石垣壽郎/森博訳）『推測と反駁——科学的知識の発展』法政大学出版局、1980年（原著初版は1963年）
41：久松真一著『茶道の哲学』講談社学術文庫、1987年
42：堂本正樹著『世阿弥の能』新潮選書、1997年
43：柳生宗矩著（渡辺一郎校注）『兵法家伝書』岩波文庫、2004年

補章3新出

44：伊勢田哲治著『疑似科学と科学の哲学』名古屋大学出版会、2003年
45：サイモン・シン/エツァート・エルンスト著（青木薫訳）『代替医療のトリック』新潮社、2010年（原著は2008年）
46：フリッチョフ・カプラ著（吉福伸逸ほか訳）『タオ自然学——現代物理学の先端から「東洋の世紀」がはじまる』工作舎、1979年（原著は1975年）
47：アーサー・ケストラー著（田中三彦/吉岡佳子訳）『ホロン革命』

工作舎、1983年（原著は1978年）
48：アラン・ソーカル/ジャン・ブリクモン著（田崎晴明ほか訳）『「知」の欺瞞――ポストモダン思想における科学の濫用』岩波現代文庫、2012年（原著は1998年）
49：柴谷篤弘著『反科学論』ちくま学芸文庫、1998年（初版は1973年みすず書房）

第4章新出

50：小川恵子『COVID-19感染症に対する漢方治療の考え方』金沢大学附属病院漢方医学科、2020年
51：米盛裕二著『アブダクション――仮説と発見の論理』勁草書房、2007年

補章4新出

52：N・R・ハンソン著（村上陽一郎訳）『科学的発見のパターン』講談社学術文庫、1986年（原著は1958年）

第5章新出

53：（高田真治/後藤基巳訳）『易経　上・下』岩波文庫、1969年
54：湯浅泰雄著『共時性の宇宙観――時間・生命・自然』人文書院、1995年
55：竹村亞希子著『リーダーの易経――「兆し」を察知する力をきたえる』角川SSC新書、2014年
56：竹村亞希子著『超訳・易経――自分らしく生きるためのヒント』角川SSC新書、2012年
57：梶川敦子著『生きるヒント「易経」』青弓社、2012年
58：ジェスパー・ホフマイヤー著（松野孝一郎/高原美規訳）『生命記号論――宇宙の意味と表象』青土社、1999年（原著初版は1993年）
59：池上嘉彦著『記号論への招待』岩波新書、1984年
60：米盛裕二著『パースの記号学』勁草書房、1995年

61：伊藤亜紗著『記憶する体』春秋社、2019年

補章 5 新出

62：大庭良介著「データマイニングからの接近——「抽出する」」山口富子/日比野愛子編著『萌芽する科学技術——先端科学技術への社会学的アプローチ』京都大学学術出版会、2009年

63：Ohniwa RL, Hibino A and Takeyasu K. "Trends in research foci in life science fields over the last 30 years monitored by emerging topics." *Scientometrics*, 85, 111-127（2010）

64：Ohniwa RL and Hibino A. "Generating process of Emerging Topics in the life sciences." *Scientometrics*, 121（3）, 1549-1561（2019）

第 6 章新出

65：照屋華子/岡田恵子著『ロジカルシンキング——論理的な思考と構成のスキル』東洋経済新報社、2001年

66：ドネラ・H・メドウズ著（枝廣淳子/小田理一郎訳）、『世界はシステムで動く——いま起きていることの本質をつかむ考え方』英治出版、2015年

67：ティム・ブラウン著（千葉敏夫訳）『デザイン思考が世界を変える』早川書房、2014年

68：秋本雄史著『アート思考——ビジネスと芸術で人々の幸福を高める方法』プレジデント社、2019年

69：エイミー・ウィテカー著（不二淑子訳）『アートシンキング——未知の領域が生まれるビジネス思考術』電通 京都ビジネスアクセラレーションセンター、ハーパーコリンズ・ジャパン、2020年

70：電通美術回路（若林宏保/大西浩志/和佐野有紀/上原拓真/東成樹）編『アート・イン・ビジネス——ビジネスに効くアートの力』有斐閣、2019年

71：若宮和男著『ハウ・トゥ アート・シンキング——閉塞感を打ち破る自分起点の思考法』実業之日本社、2019年

結新出

72：佐藤文隆著『職業としての科学』岩波新書、2011年
73：隠岐さや香著『文系と理系はなぜ分かれたのか』星海社新書、2018年

あとがき新出

74：『生物の世界』今西錦司著、講談社学術文庫、1972年

大庭　良介（おおにわ　りょうすけ）

1977 年　東京都に生まれる
2000 年　京都大学総合人間学部卒業
2006 年　京都大学大学院生命科学研究科博士後期課程単位取得退学
現在　筑波大学医学医療系准教授、博士（生命科学）
健康情報総合学研究室主宰、居合道六段、空手道四段、剣道二段

主な著作
『萌芽する科学技術』（共著、山口富子・日比野愛子編著、京都大学学術出版会、2009 年）、*Bacterial DNA, DNA Polymerase and DNA Helicases*（Sam S. Bruns, Walter D. Knudsen 編著, Nova Biomedical Publisher, 2010 年）、『環境と微生物の事典』（共著、日本微生物生態学会編、朝倉書店、2014 年）、その他、生命科学、医科学、科学計量学など複数の専門領域にて論文多数。

学術選書

「型」の再考
──科学から総合学へ　学術選書 098

2021年8月31日　初版第1刷発行

著　　者…………大庭　良介
発 行 人…………末原　達郎
発 行 所…………京都大学学術出版会
京都市左京区吉田近衛町 69
京都大学吉田南構内（〒606-8315）
電話（075）761-6182
FAX（075）761-6190
振替 01000-8-64677
URL http://www.kyoto-up.or.jp

印刷・製本…………㈱太洋社

装　　幀…………鷺草デザイン事務所

ISBN 978-4-8140-0364-8
定価はカバーに表示してあります

学術選書 ［既刊一覧］

＊サブシリーズ 「心の宇宙」→［心］ 「諸文明の起源」→［諸］
「宇宙と物質の神秘に迫る」→［宇］

006 古代アンデス 権力の考古学 関 雄二 ［諸］12
009 ヴァイキング時代 角谷英則 ［諸］9
010 GADV仮説 生命起源を問い直す 池原健二
012 古代エジプト 文明社会の形成 高宮いづみ ［諸］2
035 ヒトゲノムマップ 加納 圭
036 中国文明 農業と礼制の考古学 岡村秀典 ［諸］6
043 ビザンツ 文明の継承と変容 井上浩一 ［諸］8
044 江戸の庭園 将軍から庶民まで 飛田範夫
047 古代朝鮮 墳墓にみる国家形成 吉井秀夫 ［諸］13
054 イスラーム 文明と国家の形成 小杉 泰 ［諸］4
056 大坂の庭園 太閤の城と町人文化 飛田範夫
057 歴史と事実 ポストモダンの歴史学批判をこえて 大戸千之
059 古代マヤ 石器の都市文明［増補版］ 青山和夫 ［諸］11
064 インダス文明の謎 古代文明神話を見直す 長田俊樹
068 景観の作法 殺風景の日本 布野修司
070 ヨーロッパ近代文明の曙 描かれたオランダ黄金世紀 樺山紘一 ［諸］10
073 異端思想の500年 グローバル思考への挑戦 大津真作
080 京都の庭園 御所から町屋まで㊤
081 京都の庭園 御所から町屋まで㊦ 飛田範夫
082 世界単位 日本 列島の文明生態史 高谷好一
083 京都学派 酔故伝 櫻井正一郎
085 生老死の進化 生物の「寿命」はなぜ生まれたか 高木由臣
086 ?◉! 哲学の話 朴 一功
087 今からはじめる哲学入門 戸田剛文 編
091 発酵学の革命 マイヤーホッフと酒の旅 木村 光
092 股倉からみる『ハムレット』 シェイクスピアと日本人 芦津かおり
093 学習社会の創造 働きつつ学び貧困を克服する経済を 池上 惇
094 歌う外科医、介護と出逢う 肝移植から高齢者ケアへ 阿曽沼克弘
095 中国農漁村の歴史を歩く 太田 出
096 生命の惑星 ビッグバンから人類までの地球の進化㊤ C・H・ラングミューアーほか著 宗林由樹 訳
097 生命の惑星 ビッグバンから人類までの地球の進化㊦ C・H・ラングミューアーほか著 宗林由樹 訳
098 「型」の再考 科学から総合学へ 大庭良介